FUNÉRAILLES ET SÉPULTURES

DE LA ROME PAÏENNE

DES SÉPULTURES

ET DE LA LIBERTÉ DES FUNÉRAILLES

EN DROIT CIVIL

FACULTÉ DE DROIT DE PARIS

FUNÉRAILLES ET SÉPULTURES

DE LA ROME PAÏENNE

DES SÉPULTURES

ET DE LA LIBERTÉ DES FUNÉRAILLES

EN DROIT CIVIL

THÈSE POUR LE DOCTORAT

L'ACTE PUBLIC SUR LES MATIÈRES CI-APRÈS SERA PRÉSENTÉ
ET SOUTENU LE 20 MARS 1885, PAR

RAOUL AUDIBERT

AVOCAT

Président : M. JALABERT, Professeur.

Suffragants { MM. BOISTEL, GARSONNET, } Professeurs. LARNAUDE, Agrégé.

PARIS

LIBRAIRIE NOUVELLE DE DROIT ET DE JURISPRUDENCE

ARTHUR ROUSSEAU, ÉDITEUR

14, RUE SOUFFLOT, ET RUE TOULLIER, 13

1885

A LA MÉMOIRE DE MON PÈRE

A MA MÈRE

DROIT ROMAIN

FUNÉRAILLES ET SÉPULTURES DE LA ROME PAÏENNE

> Plus apud me antiquorum auctoritas valet, vel nostrorum majorum, qui mortuis tam religiosa jure tribuerunt ; quod non fecissent profecto, si nihil ad eos pertinere arbitrarentur.
>
> (CICÉRON, *De amicitia, cap. IV.*)

CHAPITRE PREMIER

DU CULTE DES MORTS A ROME

Croyance des Romains à une seconde vie après la mort. — Des mânes. — Terreur des anciens pour la privation de sépulture. — Précautions prises pour éviter l'abandon après la mort. — La privation de sépulture est infligée comme peine aux grands criminels. — Du suicide. — Des cénotaphes.

Aussi haut que nous remontions dans l'histoire de Rome, nous rencontrons, nous dit Cicéron [1], la croyance des anciens, à une seconde existence après la mort. Cette croyance, en effet, n'est pas de celles qui naissent tard chez un peuple, et qui sont le fruit

[1] *Tusc.* I, 12.

du travail et de la réflexion : l'horreur instinctive du néant, le désir de retrouver plus tard les êtres aimés, conduisirent promptement l'homme à penser que quelque chose de lui devait subsister après sa mort. Aussi les Romains n'avaient-ils pas attendu de connaître Pythagore et Platon, pour être assurés que l'homme ne meurt pas tout entier. Toutefois, l'idée philosophique de l'immortalité fut lente à se dégager des naïves et grossières croyances qui lui servirent de berceau. Comme on n'arriva pas tout d'abord à séparer nettement l'âme et le corps, on supposa qu'ils contiuaient à rester fixés l'un à l'autre, et que la seconde existence s'accomplissait sous la terre, dans le tombeau[1]. Bien des dispositions testamentaires parvenues jusqu'à nous et relatives à l'ornementation des tombeaux, n'ont évidemment été faites que dans une pensée attribuant encore aux défunts de l'intérêt pour les plaisirs de ce monde. C'est ainsi que l'on plantait souvent des jardins et des parcs dans le voisinage des sépulcres, « afin de procurer, aux « âmes des décédés, la facilité de mieux jouir de la belle nature[2] ; » preuve de cette croyance à une vie matérielle persistante près de la tombe.

Cette superstition se modifia avec le temps ; mais

[1] *Cic. Tusc.* I, 16.

[2] *Servius in Æned*, V, 760.

elle avait donné naissance à des préjugés, à des usages qui lui survécurent et que les pontifes, magistrats religieux chargés de veiller à la stricte application du droit divin, comme les préteurs veillent à l'exécution des minutieuses formalités du droit civil, conservèrent pieusement, quoiqu'ils ne fussent plus conformes à leurs opinions nouvelles. Ainsi s'expliquent un grand nombre d'usages funèbres dont le sens nous échapperait. L'ombre matérielle a dû, en effet, conserver les appétits, les besoins et les goûts do son existence terrestre [1]. Aussi avait-on grand soin de placer des lampes dans les cercueils, de jeter dans le bûcher les armes, les vêtements, les objets précieux qui avaient appartenu au défunt, de verser du vin sur sa tombe et d'y déposer des aliments, enfin, d'immoler les animaux qu'il avait aimés. Grâce à ces précautions, le mort retrouvera, dans la tombe, les plaisirs et les joies qu'il a goûtés pendant sa vie : chasseur, il pourra poursuivre et frapper un gibier sans cesse renaissant ; guerrier, il se livrera à d'interminables combats ; enfant, il aura des jouets qu'une mère vigilante a déposés près de lui. C'est ainsi qu'Esculape continue d'exercer la médecine, Castor et Pollux de naviguer, et Achille de s'armer de toutes pièces. Peu à peu, cette concep-

[1] Fridlænderg, t. IV, p. 172.

tion naïve d'une seconde existence au fond du tombeau, finit par s'élargir et la civilisation aidant, la nature spirituelle de l'âme fut reconnue. L'habitude qu'on prit de brûler les cadavres au lieu de les ensevelir aida l'esprit à concevoir que l'homme est composé de plusieurs parties qui se séparent quand il meurt, car en brûlant les corps on croyait rendre au feu la partie la plus subtile de l'homme, le feu étant regardé comme le principe de vie de tous les êtres. Cet usage de la crémation se rattachait à une idée philosophique qui enlevait à la mort ce qu'elle avait de triste et de repoussant. Puis le peu de cendres qu'on recueillait sur le bûcher, ne pouvait plus contenir l'homme tout entier, il en devait rester autre chose, une ombre, un souffle, une âme, et l'on supposa que toutes les âmes, loin de leur corps, vivaient rassemblées au centre de la terre, au Tartare et aux Champs-Elysées, où des peines et des récompenses leur étaient réservées, suivant les mérites que l'homme avait eus pendant sa vie [1].

[1] *Tacit.* A. C. 46. En somme, la religion romaine avait pour fondement l'immortalité de l'âme, comme la religion moderne. Mais l'idéal de l'une est la vie terrestre, l'idéal de l'autre la vie future. La félicité du chrétien après sa mort sera d'oublier ce monde : le bonheur des païens consistera à se rappeler leur existence passée et à se donner autant que possible l'illusion de la vie.

Ces ombres qui, affectueuses ou terribles, venaient la nuit visiter les vivants, acquirent bientôt une sorte de divinité : on leur offrit des prières, des libations, on leur dressa des autels pour les apaiser et se les rendre propices ; et c'est ainsi que cette expression « le culte des morts » était vraie à la lettre chez les anciens[1].

Les tombeaux étaient les temples de ces divinités, de ces dieux tutélaires ; temples tout indiqués, nécessaires pour ainsi dire, grâce à cette croyance de toute l'antiquité que l'âme qui n'avait pas de tombeau, n'avait pas de demeure, que celle dont le corps n'avait été ni enterré, ni brûlé, devait, malheureuse ou misérable, errer sans cesse sans pouvoir entrer aux Champs-Elysées. « Ce n'était pas pour l'étalage « de la douleur, dit M. Fustel de Coulanges, qu'on « accomplissait la cérémonie funèbre, c'était pour le « repos et le bonheur du mort. »

C'est ainsi qu'au sixième livre de l'Énéide, nous

[1] C'est à cette idée que se rattache une inscription citée par Orellius et dans laquelle nous voyons une veuve recommander son mari défunt aux dieux infernaux, et les prier de permettre à son ombre de la favoriser de ses apparitions, aux heures de la nuit.

Ita peto vos manes sanctissimæ commendatum habeatis meum conjugem et velitis huic indulgentissimi esse horis nocturnis ut eum videam. Orell. 4775.

voyons la Sybille prévenir Enée qu'il ne pourra traverser les forêts du Styx et descendre dans les Enfers, avant d'avoir donné la sépulture à son ami Misène et renfermé ses cendres dans un tombeau. Enée se hâte alors de remplir ce devoir et, introduit dans le royaume des ombres, il aperçoit une foule qui se presse pour franchir le Styx et que Charon repousse sans pitié. « Ce sont les morts [1], lui apprend la Sybille, qui ont « été sans secours et sans sépulture... Ils ne peuvent « franchir le fleuve, avant que leurs corps soient dé- « posés dans le sein de la terre. Leurs ombres de- « meurent errantes et voltigent le long du rivage « pendant cent ans ; après ce terme, elles sont admi- « ses à passer l'autre bord qu'elles ont si longtemps « désiré. »

Aussi les anciens ne redoutaient-ils rien tant, que la privation de sépulture, et le genre de mort, qui les effrayait davantage, était celui des naufragés et des noyés. C'est ce qui explique tout le soin qu'ils prenaient pendant leur vie, de désigner le lieu de leur sépulture, de régler d'avance, d'ordonner même leurs propres funérailles. Ainsi s'expliquent ces lettres abréviatives que nous rencontrons dans un grand nombre d'épitaphes : V. F. *id est vivus fecit.* — V. F. C. *Vivus faciendum curavit.* — V. H. S. F.

[1] Æn. VI, 325.

M. *Vivus hoc sibi fecit monumentum.* C'est ainsi qu'à la guerre, les légions avaient une bourse commune, confiée à la garde du porte-enseigne, dans laquelle chaque soldat versait sa quote-part, et dont le montant était destiné à subvenir aux frais de sépulture de ceux qui viendraient à mourir [1]. Entre ennemis mêmes, et après le combat, les généraux favorisaient la sépulture et le vainqûeur permettait au vaincu d'ensevelir ses morts, au besoin, il y aidait. L'histoire romaine nous montre à ce propos [2], qu'après la défaite du consul Flaminius, près du lac de Péruse, Annibal fit lui-même ensevelir les corps de ses ennemis et leur fit d'honorables obsèques. De même, pendant la première guerre punique [3], le consul Cornélius ayant pris la ville d'Olbia, fit rendre les derniers devoirs à Hannon, général carthaginois, mort en combattant pour la défense de cette place.

Les anciens, en effet, craignaient moins la mort que la privation de sépulture ; et cette crainte était si répandue, que les lois ajoutaient ce châtiment terrible, au supplice des grands criminels. Il en était ainsi [4] pour les coupables de lèse-majesté, les pertur-

[1] *Vegetius, de re militari.* l. 2, c. 20.
[2] *Val. Max.* l. I, cap. vi, 6.
[3] *Val. Max.* l. V, cap. i, 2.
[4] *Servius. in Æn.* XII, 603.

bateurs de la paix publique, parce que la société des morts les rejetait comme celle des vivants ; pour les hommes frappés de la foudre, sans doute parce qu'on les croyait abhorrés des dieux, et enfin pour les suicidés, mais avec une distinction nettement établie par un texte de Neratius (*L.* II, §. 3, *liv.* III, *t.* 2. *Dig.*), entre ceux qui se sont tués *tædio vitæ* et ceux qui l'ont fait *mala conscientia*, dans le but de se dérober à un châtiment. Le suicide par lassitude de la vie, étant, comme le dit Sénèque[1], « la dernière ressource de la liberté, » passait pour une mort, sinon glorieuse, honorable du moins ; mais ceux qui, pour se soustraire au supplice, se faisaient justice à eux-mêmes, étaient regardés comme des lâches et des indignes, on les privait des honneurs funèbres, après avoir confisqué leurs biens, sans tenir aucun compte de leur testament[2]. Les pontifes veillaient avec un soin jaloux à la rigoureuse application de ces lois et ils pouvaient expulser, de leur dernière demeure, quiconque avait été enseveli malgré leur défense. Le prince et le magistrat pouvaient cependant, par une faveur spéciale, accorder dispense de ce châtiment et c'est qui explique certaines épitaphes, où après la consécration aux dieux mânes, on ajoutait : « *tacito*

[1] *De ira*, I-III, c. 15.
[2] *Tacit.* A. VI, 29.

nomine, » pour montrer que les personnes dont les cendres étaient renfermées dans ces tombeaux, avaient été déclarées infâmes et exclues du sépulcre de la famille.

Par contre, celui que la mort est venue frapper loin des siens, ou qui a péri dans un naufrage et dont le corps est le jouet des flots, a droit à la pitié des vivants : aussi, suivant le droit pontifical, tout homme qui rencontre un cadavre sans l'inhumer, commet un sacrilège. Mais afin que ce devoir soit plus facile à remplir, on n'est point obligé d'accomplir une véritable inhumation, on peut se contenter de la simuler, en jetant sur le cadavre un peu de terre à trois reprises différentes[1]. On alla même, toujours par suite de la crainte superstitieuse des an-

[1] *Cic. de leg.* II, 22. — *Virg. Æn.* VI, 365. — *Hor. od.* 23, I :

At tu, nauta, vagæ ne parce malignus arenæ
Ossibus, et capiti inhumato
Particulam dare. Sic, quodcunque minabitur Eurus
Fluctibus Hesperiis, Venusinæ
Plectantur silvæ, te sospite ; multaque merces,
Unde potest, tibi defluat æquo
Ab Jove, Neptunoque sacri custode Tarenti.
Negligis immeritis nocituram
Post modo te natis fraudem committere sors et
Debita jura vicesque superbæ,
Te maneant ipsum : precibus non linquar inultis
Teque piacula nulla resolvent.

ciens pour la privation de sépulture, jusqu'à pratiquer une sorte particulière d'obsèques, dite *injectio glebæ*, qui servaient à rendre l'honneur des funérailles, à ceux dont les corps n'avaient pu être retrouvés. On élevait un tombeau de gazon, et l'on pratiquait les mêmes cérémonies que si le corps eût été présent et que nous décrirons plus loin. Par là, l'âme errante du mort pouvait enfin entrer aux Champs-Elysées ; c'est ainsi que Virgile fait passer à Charon l'âme de Deiphobe quoiqu'Enée ne lui eût dressé qu'un cénotaphe. Tel était en effet le nom de ces sortes de tombeaux (κενοταφιον *sépulcre vide*) sur lesquels on gravait ces mots « *ob honorem* » ou « *memoriæ* » au lieu qu'on mettait sur ceux qui contenaient des

Quanquam festinas, non est mora longa ; licebit
Injecto ter pulvere curras.

Oh !, toi matelot, ne sois pas assez inhumain pour refuser quelques poignées de sable à un corps resté sans sépulture. Puissent alors toutes les menaces de l'Eurus contre les flots d'Hespéric, sur lesquels tu vogues maintenant, retomber sur les forêts de Vénuse. Que le succès de toutes tes entreprises te soit donné pour récompense par le juste Jupiter et par le dieu protecteur de Tarente. Quoi ! tu ne crains pas de laisser à tes fils innocents l'héritage funeste de ton crime ! Tu seras puni toi-même de ta cruauté : un pareil sort t'attend. Mes prières ne demeureront pas sans effet. Nul sacrifice n'expiera ton crime... Hélas, quelque pressé que tu sois, il ne te faut qu'un moment : jette sur moi, à trois reprises, un peu de poussière ; et fuis aussitôt, si tu le veux. »

condres, ces lettres *D. M. C.* pour montrer qu'ils étaient dédiés aux dieux mânes.

Remarquons en revanche, qu'il ne suffisait pas pour la validité des funérailles et pour conférer aux mânes un repos éternel, que le corps ait été mis en terre. Il fallait encore prononcer certaines formules et accomplir des cérémonies traditionnelles. Si le rite obligatoire n'était pas été observé, le mort se trouvait simplement enfoui dans la terre ; mais il n'était pas enseveli. Le revenant de Plaute se plaint que son meurtrier l'ait enterré sans l'ensevelir « *me defodit insepultum*[1]. » L'âme indignée du mort se refusait, pensaient les Romains, à habiter un lieu qui n'était qu'un ossuaire et non pas un sépulcre ; et cela n'a rien qui doive nous surprendre, si l'on songe que les cérémonies, les pratiques extérieures, la liturgie, le culte étaient les grandes, les seules préoccupations de ce peuple formaliste.

[1] *Mostellaria*, II, 2, in fine.

CHAPITRE II

CÉRÉMONIES DES FUNÉRAILLES

INTRODUCTION

Ce respect craintif, cette sorte de vénération superstitieuse que les Romains témoignaient pour leurs morts, devait tout naturellement se reporter sur les mourants, sur ceux dont l'ombre protectrice allait bientôt veiller et favoriser les divers membres de la famille jusqu'à ce qu'ils se soient acquittés à leur tour du devoir de la vie. Aussi, de tout temps, ce fut, à Rome, un devoir de famille que d'assister aux derniers moments des mourants. Tous les proches parents, tous les amis, se réunissaient autour de l'agonisant, comme autour d'un homme, qui part pour un long voyage ; on recueillait pieusement ses dernières volontés, on enregistrait avec soin ses dernières paroles, car selon une croyance généralement répandue, la divinité dont il allait bientôt être investi, se manifestait déjà en lui et lui donnait connaissance de l'avenir [1]. Aussi était-ce pour la famille un profond chagrin que de voir l'un des siens s'éteindre sans mot dire. Puis quand la vie était sur le point de s'échapper du moribond, son plus proche parent s'avançait près de lui, l'embrassait fort étroitement, poitrine contre poitrine, visage contre visage, afin de recueillir son âme et de recevoir bouche à bouche son dernier souffle[2]; après quoi il lui fermait les yeux[3]. « Cette coutume était tenue en si « profond respect, qu'on réputait malheureux et in- « fortunés, nous dit Guichard, ceux qui décédaient « en pays étrangers loin des leurs, parce qu'ils se « voyaient privés de ce saint et triste service ; » elle nous explique certaines inscriptions analogues à celle-ci : « *J'ai eu cinq fils et cinq filles, tous m'ont fermé les yeux.* »

On a soutenu cependant, en s'appuyant sur une phrase de Varron[4], qu'une loi Mænia défendait aux

[1] *Gutherius, de jure manium*, c. XII.

[2] .... *Date vulnera lymphis*
Abluam, et extremus si quis super halitus errat,
Ore legam.
(*Virg. Æn.* IV, 685).

Servius, id. *Cic. in Verr.* XLV, 5-118. Meursius-de-jure manium, ch. 3.

[3] *Ovide*, l. IV, *trist. élég.* 3-44.

[4] *In Geminis* (*fragmenta*).

enfants de s'acquitter de ce pieux devoir envers leur père. Mais une prohibition aussi étonnante n'eût pas manquée d'être relevée par les auteurs ; or, nous ne trouvons rien qui justifie cette interprétation ; bien loin de là, outre l'épitaphe que nous citions plus haut, nous voyons dans Martial[1] et dans Pline[2] qu'un usage contraire était couramment adopté sans qu'ils fassent même mention d'une discussion à cet égard. Nous sommes donc fondés à croire, que de cette loi Mænia, il faut entendre, par métaphore, que les enfants ne doivent pas fermer les yeux à leur père avant son trépas ; ce qui serait une allusion aux fils dénaturés qui hâtent la mort de leur père pour jouir plus tôt de son héritage.

Une fois la mort constatée, les Romains procédaient aux formalités des funérailles avec beaucoup de vénération et des marques non équivoques de regrets ; ils y déployaient le même luxe grandiose qu'ils avaient coutume d'introduire dans toutes leurs cérémonies ; en vain la loi des XII Tables avait-elle édicté des prescriptions tendant à en réprimer les excès, ses dispositions étaient fréquemment transgressées.

Ces funérailles peuvent se diviser en 4 actes :

[1] Lib. X, epigr. 63.
[2] Lib. XI, cap. 37.

L'exposition du corps ou *collocatio*.

La procession funèbre ou *exsequiæ*.

L'ensevelissement *humatio* et plus tard *funus*.

Et enfin la fête des morts qui suivait immédiatement *feriæ denicales* et *ludi funebres*.

1re Partie. — Exposition du corps. Collocatio.

Purifications. — Exposition et garde du cadavre.

Tant que le mort n'est pas enseveli avec les cérémonies d'usage, la maison de la famille est réputée impure, et les parents aussi : De là, toute une série de purifications qui commençaient par le cercueil du mort. Le corps était lavé et parfumé d'aromates, d'huiles et d'essences par des esclaves appelés *pollinctores*, lesquels appartenaient aux *libitinarii*[1] ou entrepreneurs de funérailles, ainsi appelés, parce qu'ils se tenaient près du temple de Vénus Libitina où se vendaient tous les objets nécessaires pour les cérémonies funèbres. Puis avait lieu, dans l'Atrium, l'exposition du cadavre : la face découverte, les pieds tournés vers la rue, entouré des insignes de ses fonctions et des vêtements qu'il avait coutume de porter de son vivant. C'était la toge blanche pour un simple citoyen, la prétexte pour les magistrats, la pour-

[1] Dig. lib. XIV, tit. 3-5, §. 8.

pre pour les censeurs. S'il avait reçu quelque couronne ou autre récompense honorifique on l'en parait également[1]; parfois même, l'on mettait des couronnes d'or sur la tête de ceux qui s'étaient les plus signalés de leur vivant. Si le défunt appartenait à une famille riche, le lit de parade était d'ivoire, recouvert d'étoffes précieuses, et la maison tendue de noir. Tout à l'entour, on répandait des feuilles et des fleurs et devant la porte on mettait une branche de cyprès : cet arbre, ne repoussant jamais lorsqu'il a été coupé, signifiait que le corps ne pouvait plus revivre et indiquait aux pontifes qu'ils eussent à s'éloigner de la maison de peur d'être souillés par la vue d'un mort.

Le corps restait ainsi exposé, pendant sept jours, aux regards des passants, tandis que des hérauts parcouraient les rues, en annonçant la nouvelle du décès et le jour où les funérailles devaient avoir lieu. Un esclave le gardait et l'appelait,de temps en temps, à grands cris par son nom : il était chargé aussi de s'opposer à ceux qui voudraient enlever le corps, ce que faisaient parfois les créanciers qui ne le rendaient pas jusqu'à ce que ses parents ou ses amis eussent acquitté ses dettes. Valère Maxime nous en donne

[1] *Cic. de lege*, II, 24.

un exemple[1], quand il nous apprend que Cimon ne put reprendre le corps de son père Miltiade et le faire pieusement ensevelir qu'en se constituant prisonnier à sa place et en prenant à son compte la charge de ses dettes.

2me Partie. — Procession funèbre. — exsequiæ.

Convocation aux funérailles. — A qui incombe la charge et les dépenses des obsèques. — Du cortège. — Eloge du mort au forum.

Le huitième jour, afin d'assembler plus aisément les parents et amis du défunt, un crieur public convoquait le peuple à son de trompe et l'invitait au convoi en la forme qui suit : *Ollus Quiris letho datus « est; L. Titio exsequias ire, cui commodum est, jam « tempus est, ollus ex ædibus effertur*[2]. Un tel est passé de vie à trépas ; que ceux qui ont loisir d'aller à ses funérailles s'apprêtent, il en est temps, on va emporter le corps du logis. Mais cette convocation ne se faisait que pour les funérailles des riches; pour celles où l'on devait donner au peuple des courses et des jeux : on les appelait alors *funera publica*

[1] Liv. 5, cap. 1.

[2] *Varron, ling. lat.* VI..

ou *indictiva* ; les autres, plus modestes, se nommaient *funera tacita*, *translatitia* ou *plebeia*.

Presque toujours le défunt avait lui-même réglé, à l'avance, et la dépense et la solennité de son convoi funèbre [1] ; mais lorsqu'il avait négligé ce soin et n'avait indiqué personne pour lui rendre les derniers devoirs, cette charge retombait sur son héritier, ou en cas de mort *ab intestat*, sur ses parents selon l'ordre de leurs droits à son héritage [2]. Des arbitres étaient alors nommés, pour régler la dépense et la proportionner au rang et à la fortune du défunt : de là le nom d'*arbitria* [3] donné souvent aux sommes affectées à cet emploi.

L'heure du convoi arrivée, un long cortège de parents, d'amis et de clients accompagnait le corps à sa dernière demeure : plus était grande la multitude, plus honorés étaient le défunt et sa famille ; et telle était la vanité des Romains sur ce point que des lois [4] durent limiter le nombre des esclaves que les riches affranchissaient par testament, sous la seule condition de suivre leur convoi funèbre.

[1] *Senec-brevit.* vit. c. 20.

[2] V. D. l. XI-VII, loi 12, §. 4. — Nous aurons du reste à revenir sur ces questions au sujet de l'action funéraire.

[3] *Cic. pro domo*, 37, *in pis*, 9.

[4] *Inst.* lib. I, tit. 7.

Au moment du départ du cortège, le héraut faisait une dernière conclamation, puis le maître des cérémonies et ses licteurs assignaient à chacun la place qu'il devait occuper. Des musiciens jouant de la flûte et suivis par une troupe de pleureuses, ouvraient la marche. Ces pleureuses appelées *præsicæ* étaient des esclaves payées pour chanter les louanges du défunt en s'arrachant les cheveux et en donnant les signes d'un violent désespoir. Elles se livraient même à de tels excès, nous dit Cicéron [1] que la loi des XII Tables avait été jusqu'à régler leur douleur, et leur avait enjoint, mais en vain, de ne point s'abandonner à de trop grandes lamentations, et surtout de ne point se déchirer le visage. Derrière elles venait le sacrificateur qui devait tuer autour du bûcher les animaux favoris du mort, ses chevaux, ses chiens, etc. Après lui se plaçait le bouffon (*scurra*) habillé des vêtements du défunt et portant un masque qui rappelait les traits de son visage : il imitait sa démarche, sa tenue, ses allures, surtout ses ridicules et s'efforçait dans ses discours de rappeler les défauts de son caractère et les imperfections de son esprit. Ce singulier personnage paraissait dans toutes les funérailles ; même au convoi des empereurs auxquels on décernait l'apothéose.

[1] *De leg.* II, 23-25.

Suétone [1] nous raconte, à ce sujet, le plaisant trait d'un bouffon nommé Favor qui, appelé à des funérailles, y vint déguisé et masqué à la ressemblance de l'empereur Vespasien alors fort taxé d'avarice. Après l'avoir contrefait dans sa démarche et dans ses gestes, il demanda à haute voix à combien revenait la cérémonie funèbre. Dès qu'il eut entendu parler de cent sesterces, il s'écria : donnez-moi bien vite la somme et jetez mon corps dans le Tibre.

Puis venaient tous les insignes honorifiques du défunt, trophées, dépouilles prises à l'ennemi, récompenses obtenues, ou sur des étendards les titres des lois par lui faites. Les images des ancêtres [2], rangées par ordre chronologique et placées sur des chars étaient aussi de la part des Romains l'objet d'une profonde vénération ; mais pour les produire dans la pompe des funérailles, il fallait s'être signalé soi-même par d'éclatants services rendus au pays. Les prêtres occupaient également, dans le convoi, une place importante, ils précédaient le corps et étaient suivis des sénateurs et autres magistrats de la cité. Derrière les images des ancêtres, venait la famille, les fils la tête couverte, les filles la tête nue

[1] *In Vespasiano*, 19.
[2] *Cic. pr. Mil.* 13.

et les cheveux épars[1], les parents et les amis vêtus de noïr.

Le corps du défunt placé sur une riche litière était porté par ses parents ou ses amis ; s'il était d'un rang illustre, on le faisait précéder de licteurs portant des faisceaux de verges et on le confiait aux grands dignitaires de l'Etat : Jules César fut porté par les magistrats, Auguste par les sénateurs et l'empereur Sévère par les consuls. La foule des esclaves conduisant les animaux destinés au sacrifice fermait la marche.

Le cortège s'avançait ainsi jusqu'au Forum ; là, si le défunt était un personnage important, un orateur de ses amis faisait son éloge[2] et celui de tous les ancêtres dont les images étaient présentes. Par là, nous dit Polybe, il arrivait que les éloges de ces grands hommes étaient souvent renouvelés, et que la gloire de leurs belles actions, ainsi consacrée à l'immortalité, se répandait partout et passait à la postérité.

[1] *Non soror, Assyrios cineri quæ dedat odores,*
Et fleat effusis ante sepulcra comis.
Tibulle, lib. I, eleg. 3.

[2] Cic. *pr. Mil.* 13.

3me Partie. — De l'ensevelissement. Humatio. Funus.

Inhumation et crémation. — De l'*os exceptum*. — De quelques prescriptions de la loi des XII tables. — Victimes offertes aux mânes du défunt.

Du Forum on se dirigeait vers le lieu de la sépulture, appelée *humatio*, malgré l'usage de brûler les corps : c'est que l'inhumation avait été le mode ordinaire pendant la première période de la république romaine, c'est-à-dire, jusqu'à Sylla. L'usage du bûcher s'établit quand les Romains s'aperçurent que par suite des guerres ou des profanations, les tombeaux n'étaient pas toujours des asiles sacrés. Les restes de Marius reposaient aux bords de l'Anio, dit Cicéron [1], quand Sylla vainqueur les fit jeter aux vents ; et c'est sans doute, dans la crainte d'une pareille insulte à son cadavre, que, le premier de la famille patricienne des Cornélius, il voulut être brûlé après sa mort. Depuis lors, la crémation se répandit et devint peu à peu le mode de sépulture le plus recherché : néanmoins l'inhumation persista et marcha parallèlement avec la nouvelle mode ; la raison en est bien simple, les bûchers nécessitant des frais considérables, les gens d'une classe inférieure, ou même

[1] *De leg.* 22.

d'une condition médiocre ne pouvaient en faire la dépense. Il faut cependant se garder d'exagération, et croire, sur la seule foi de Pline[1], que l'usage du bûcher avait été complétement inconnu dans les premiers siècles de Rome. Il n'en était rien, puisqu'une disposition de la loi des XII Tables défendait d'ensevelir ou de brûler les corps dans la cité, et qu'au reste, Pline lui-même se condamne de sa propre bouche[2], en nous apprenant que le roi Numa défendit par l'édit posthumien d'arroser de vin les feux qu'on allumait pour brûler les corps.

L'inhumation toutefois avait été longtemps d'une pratique assez générale pour que la loi pontificale maintînt certaines cérémonies symboliques destinées à la remplacer et dont elle fit la condition d'une bonne sépulture. C'est ainsi que les Pontifes pensèrent qu'il n'y avait sépulture valable que lorsque la terre recouvrait une partie quelconque du mort; mais il suffisait pour être en règle avec les vieilles coutumes de jeter sur les débris du cadavre consumé un peu de terre ; ou encore d'avoir soin de ne pas le brûler tout entier et d'inhumer, à part, un doigt du défunt ou un os échappé aux flammes. C'est à cette dernière pratique que fait allusion la loi des XII Ta-

[1] Lib. VII, c. 55.
[2] Lib. XIV, c. 14.

bles[1] : « Ne recueillez point, dit-elle, les os d'un mort, afin de célébrer plus tard ses funérailles, à l'exception de ceux qui sont morts à la guerre ou à l'étranger. » Ce texte a fort exercé les commentateurs[2] et il est assez difficile d'en préciser la portée.

Cependant Varron parle de l'inhumation de l'*os exceptum* comme d'une cérémonie usitée ; et d'autre part, de l'ensemble de cette loi des XII Tables on peut conclure qu'elle n'a interdit que de séparer l'inhumation des funérailles. Ainsi entendue, la loi ne frapperait qu'un abus ; elle ne serait qu'une loi somptuaire, défendant non pas de recueillir et d'inhumer à part l'*os réservé*, mais de déployer à cette occasion l'appareil pompeux des cérémonies funèbres. Cette interprétation est d'autant plus admissible que, comme nous l'avons déjà vu, la loi des XII Tables avait cherché à réprimer le luxe que les Romains étalaient dans leurs funérailles : ainsi encore elle réglait la quantité de parfums, que l'on pourrait employer pour oindre le corps ; elle défendait de jeter l'or dans les flammes, de polir le bois du bûcher ; toutes prescriptions depuis longtemps transgressées. C'est ainsi qu'en dépit des lois, aussitôt l'arrivée du cortège près du bûcher, on répandait

[1] Cic. *De leg.* II, 24.

[2] *Kirchmann*, III, 7.

sur la terre, en forme de libations, de grands vases de vin et de lait. Puis, on enveloppait le corps d'un tissu d'amiante afin que ses cendres ne fussent pas confondues avec celles des bois résineux qui devaient le consumer. Celui qui avait fermé les yeux au mort les lui rouvrait alors afin qu'il regardât le ciel ; il déposait entre ses dents, la pièce de monnaie qui devait servir à payer le passage du Styx au nautonnier des enfers, et lui adressait ses derniers adieux.

Alors tandis que les trompettes et les flûtes se faisaient entendre de toutes parts, on déposait le corps sur le haut du bûcher, avec la litière qui avait servi à l'apporter. Ce bûcher, (*pyra* ou *rogus)* était bâti en forme d'autel, avec les quatre côtés égaux et garni de branches de cyprès[1] ou de draperies noires. Le plus proche parent du mort y mettait le feu en détournant la tête et quand la flamme commençait à s'élever, les assistants y jetaient des parfums et des couronnes en en faisant processionnellement le tour et en chantant des complaintes en l'honneur du défunt. S'il s'agissait d'un empereur ou d'un général illustre, des soldats, tant à pied qu'à cheval, se divisant par bandes et escadrons, exécutaient autour du bûcher

[1] Virg. *Æn.* VI, 215.

des marches militaires (*decursus*) [1]. En même temps, on immolait des victimes. Pline cite l'exemple d'un père qui fit brûler, à la mort de son fils, les chevaux, les attelages, les chiens et les oiseaux que son enfant affectionnait. Parfois même, dans les temps anciens, on sacrifiait des victimes humaines : si le mort était un guerrier, un puissant, il fallait à son ombre les femmes, les esclaves qu'il avait ici-bas ; et les êtres vivants ne pouvant accompagner le mort qu'en devenant eux-mêmes des ombres, on les immolait. Quelquefois on égorgeait des prisonniers sur le tombeau d'un chef, simplement pour lui faire cortège dans l'autre monde ; c'était donner à son ombre une sorte de garde d'honneur formée d'ombres [2]. Achille, dans l'Iliade, [3] ensanglante ainsi les funérailles de son ami Patrocle. Plus tard il y eut des gladiateurs *(bustuarii)* qui satisfaisaient, en s'entretuant autour du feu funéraire, la soif de sang attribuée aux mânes.

Quand le bûcher était consumé, on éteignait les charbons en les arrosant de vin, et le plus proche

[1] Tacit. A. II, 7. Virg. *Æn.* XI, 188.

[2] « Ce n'est que l'an 657 de Rome, écrit Pline (XXX-I,) sous le « consulat de Cn. Cornélius Lentulus et de P. Licinius Crassus, « qu'il fut défendu par un Sénatus-consulte, d'immoler un « homme, ce qui prouve que jusqu'à cette époque on faisait de « ces horribles sacrifices. »

[3] Lib. XXIII, v. 175.

parent du mort, après avoir recueilli les cendres et les ossements y mêlait des parfums et les plaçait dans une urne[1]. On offrait au défunt un sacrifice de béliers et on lui préparait un banquet qu'on lui servait à côté de sa tombe (*silicernium*). Le prêtre alors, un rameau de laurier à la main, faisait trois légères as-

[1] Ergo cum tenuem fuero mutatus in umbram
Candidaque ossa super nigra pavilla teget
Ante meum veniat longos incomta capillos,
Et fleat ante meum mæsta Neæra rogum,
Sed veniat caræ matris comitata dolore :
Mæreat hæc genero, mæreat illa viro.
Præfatæ ante meos manes ; animamque præcatæ,
Perfusæque pias ante liquore manus :
Pars quæ sola mei superabit corporis, ossa
Intinctæ nigra candida vestæ legant ;
Et primum annoso spargant colleta Lyæo,
Mos etiam niveo fundere lacte parent :
Post hæc carboseis humorem tollere velis,
Atque in marmorea ponere sicca domo.

Quand une ombre légère sera tout ce qui restera de moi ; quand les cendres chaudes recouvriront mes ossements blanchis, puisse Nééra, les cheveux épars et les yeux en larmes, venir à mon bûcher, avec sa mère affligée ! Que l'une pleure un gendre, l'autre un époux ! Puissent-elles invoquer mes mânes, et appeler mon âme à elles, après s'être purifié les mains dans une eau sacrée ! Qu'elles recueillent alors ce qui restera de mes cendres, dans le pan de leurs robes de deuil ; qu'elles les arrosent d'un vin précieux et d'un lait pur ! Puissent enfin mes restes serrés dans des linges funéraires, reposer sous un tombeau de marbre. — *Tibulle*, III, 2. Voyez aussi *Virg. Æn.* VI, 227.

persions d'eau pure sur les assistants, et les ayant ainsi purifiés, il les congédiait en disant : « vous pouvez vous retirer. »

4me partie. — De la fête des morts. Feriæ demicales. — Ludi funebres

Purifications de la famille. — Des *novemdalia*. — Fêtes en l'honneur des morts.

C'était le prêtre également, qui, le lendemain des obsèques, c'est-à-dire, le neuvième jour du décès, accomplissait l'acte le plus important : par trois fois, il jetait de la terre sur la tombe, et à dater de ce moment seulement le lieu de la sépulture devenait religieux, on ne pouvait plus y toucher sans la permission du prince ou des pontifes [1]. Puis, avaient lieu les fêtes des *novemdalia*, le repas funèbre, et les jeux que les riches offraient au peuple. Le dixième jour était fêté aussi, *(denicales)*, car la famille souillée par la vue et le contact du cadavre (*funesta facta*), [2] devait pour se purifier procéder, dans la maison même, à des sacrifices aux dieux domestiques. Entre autres formalités, on balayait le logis avec de la verveine et on y faisait brûler du soufre.

[1] Cic. *de. leg.* II, 22.
[2] Virg. *Æn.* VI, 150.

Ainsi se terminaient les cérémonies des funérailles, tenues en si profond respect par les romains, que Justinien [1] défend d'inquiéter et de citer en justice, depuis le premier jour, jusqu'à la fin de la purification, les parents qui doivent y procéder, afin que rien ne vienne les déranger dans leurs pieuses fonctions.

Deux fois par an, mais principalement à la fin de février, considéré comme le dernier mois de l'année, avaient lieu de nouvelles fêtes en l'honneur des morts. Leur but était de se concilier la bienveillance des mânes, et le peuple était très-attentif à porter comme offrande, dans les tombeaux, des viandes et du vin. Le privilège de les placer aux jours où il n'y a ni fêtes publiques, ni fêtes particulières, et toute les prescriptions des pontifes à leur égard, indiquent assez, comme le dit Cicéron [2], quelle était leur importance et le respect dont elles jouissaient. Ovide nous raconte, au second livre des Fastes, que ces cérémonies ayant été un moment négligées, par suite des préoccupations causées par des guerres longues et acharnées, la vengeance des mânes fut prompte à se manifester. Rome fut ravagée par la peste, et l'on vit, nous dit le poète, les ombres des morts sortir de leurs tombeaux et faire

[1] *Nov.* 115.
[2] *De leg.* II, 22.

entendre de lamentables plaintes à travers les rues de la ville et la campagne du Latium. On ne trouva pas d'autre remède, à cette désolation et à ces frayeurs, que de rétablir les cérémonies négligées, et d'apaiser les mânes par des offrandes et des libations sur leurs tombeaux. Cette crainte des vivants à l'égard des morts délaissés se retrouve jnsque sur les épitaphes. On voit sur un monument élevé par un mari à sa femme défunte, cette dédicace : « *Epargne, ma bien-* « *aimée, épargne ton mari, je t'en supplie, pour qu'il* « *puisse continuer pendant longtemps encore de t'offrir* « *des sacrifices, de t'apporter des couronnes, et de rem-* « *plir, d'une huile odorante, la lampe de ton tombeau.* [1] »

Tout autres étaient les fêtes qui se célébraient en mai ; fêtes bizarres et ressemblant fort à des conjurations magiques. Ces dernières ne regardaient que les mânes inquiets qui ne venaient dans les maisons que pour y faire du ravage et dont on était bien aise de se débarrasser. Elles duraient trois nuits, non pas consécutives, mais entre lesquelles il y en avait une de repos, depuis le neuvième jusqu'au treizième jour du mois.

A minuit, le père de famille se levait, rempli d'une sainte frayeur, et s'en allait à une fontaine, nu-pieds et en grand silence, faisant seulement un peu de bruit

[1] Fridlænder, t. IV, p. 495.

avec les doigts, pour écarter les ombres de son passage. Après s'être lavé trois fois les mains, il s'en retournait, jetant par dessus sa tête des fèves noires, qu'il avait dans sa bouche, en disant : je me rachette moi et les miens, ce qu'il répétait neuf fois, sans regarder derrière lui. Il prenait de l'eau une dernière fois, frappait sur un vase d'airain et priait l'ombre de sortir de sa maison, en répétant neuf fois, « sortez, mânes paternels. » Cette cérémonie instituée par Romulus, pour apaiser les mânes de son frère, devint d'un usage général et prit alors le nom de Lemuries. Les fêtes qui se célébraient en février, nommées *féralia,* parce qu'alors on porte (*ferunt*) les offrandes, pour apaiser les mânes, exigeaient plus de pompe et d'éclat[1]. Pendant leur durée, point de fêtes particulières, point de sacrifices, rien qui puisse distraire les prières dues aux morts. « Retire des flambeaux, o « Hyménée, nous dit Ovide, loin de ces flammes noi-« res! ta lumière est trop vive pour les pâles tombeaux. « Que les dieux, mêmes, se renferment au fond de « leurs sanctuaires ; plus d'encens, plus de feu sur « l'autel ! »

[1] Ovide, lib. II, *fastes.*

5me Partie. — De la sépulture des pauvres.

Des *puticuli*. — Des collèges funéraires. — Des *colombaria*.

Est-il besoin de dire que tout ce luxe, toute cette pompe que nous venons de décrire ne se retrouvait pas dans les funérailles des pauvres et des esclaves. Pour eux, il ne pouvait point être question d'une sépulture distincte, l'usage des fosses communes (*puticuli*) s'imposait : aussi Rome possédait-elle un cimetière public sur le mont Esquilin. L'inhumation de ces malheureux avait lieu trois jours après la mort ; le défunt était placé sur une litière et recouvert d'une toge : pour la plupart d'entre eux, comme le fait remarquer Juvénal[1], c'était la première fois qu'ils revêtaient cet habit du citoyen. Puis dans ces fosses, construites en forme de citernes et fermées seulement par une dalle, on précipitait chaque nuit tous les morts de la journée. Longtemps du reste, il avait été d'usage de n'enterrer qu'après le coucher du soleil et à la lumière des torches (*funalia*) ; c'est même là, croyons-nous, l'origine du mot funérailles. Plus tard, l'usage des enterrements nocturnes fut restreint aux

[1] « *Pars magna Italiæ est* (*si verum admittimus*) *in qua*
« *Nemo togam sumit nisi mortuus...* »

Sat. III, 149.

classes pauvres ; mais l'habitude de porter des torches subsista et on les retrouve dans les funérailles des riches.

Les affranchis et ceux qui avaient quelque bien pouvaient éviter ces enfouissements honteux : ils se réunissaient et formaient des associations appelées colléges funéraires qui avaient pour but de subvenir à l'aide d'une contribution collective à la sépulture de leurs membres. Ces sociétés jouirent toujours d'une grande faveur ; ce qui s'explique, par la crainte qu'avaient les Romains de n'être point ensevelis avec les formalités nécessaires au repos de leurs mânes. Un sénatus-consulte avait même autorisé d'avance toutes les associations de funérailles qui se fonderaient dans l'empire ; car les empereurs qui, sans doute, espéraient par là devenir plus populaires, les avaient pris sous leur protection. En sorte qu'il suffisait à ces sociétés, pour exister légalement, de se faire inscrire sur les registres des magistrats, sous le nom de colléges funéraires. C'est sous ce nom, et grâce à la protection accordée à ces associations, que, suivant l'opinion de M. de Rossi, les premiers chrétiens se firent reconnaître par l'État, devinrent propriétaires légitimes de leurs cimetières, et acquirent le droit de se réunir sans être inquiétés.

La plus célèbre de ces sociétés était dédiée à Diane

et à Antinous ; ses règlements ne nous sont bien connus que depuis 1816 par suite des fouilles faites à Lanuvium. Chaque individu reçu dans ce collége apportait 100 sesterces, et une bouteille de bon vin, comme droit d'entrée ; il versait en outre, cinq as par mois. A la mort d'un de ses membres, la société remettait 300 sesterces aux héritiers, pour l'achat d'un tombeau ; mais sur cette somme on prélevait 50 sesterces, pour les distribuer, auprès du bûcher, à ceux des confrères qui assistaient aux funérailles.

Il existait encore des colléges funéraires d'un autre type ; ceux-là n'achetaient pas des sépultures particulières à leurs morts ; mais construisaient un *columbarium*, sorte d'édifice souterrain, de tombeau à compartiments. Dans les murs des columbaria étaient percées des niches, distribuées entre les associés, ou vendues par des spéculateurs, et qui permettaient d'accumuler dans un petit espace les cendres de plusieurs générations. Les urnes que l'on y rencontre, grossières et sans travail, sont évidemment sorties des mains d'ouvriers subalternes, et ne sauraient, par conséquent, avoir été d'un prix inabordable, même pour les familles peu aisées.

CHAPITRE III

DES LIEUX DE SÉPULTURE

Interdiction d'ensevelir dans l'intérieur de la ville. — Lois somptuaires réprimant le luxe des tombeaux. — Action *de sepulcro violato*. — Sépulcres *de famille* et sépulcres *héréditaires*.

Ces cimetières communs sont exclusivement affectés, avons-nous dit, à la plèbe et aux esclaves, dont la loi ne reconnaît ni les liens civils, ni les liens du sang : mais en dehors de ces malheureux, tout citoyen cherche à conserver son rang, même après sa mort, à se distinguer par le plus ou moins d'importance de son tombeau. A Rome, en effet, chaque famille a son autonomie qu'elle affirme jusque dans la mort. Chacune ayant ses dieux particuliers, sa religion propre, les tombeaux, temples des mânes, devaient être isolés, car il eût été aussi absurde que coupable de confondre en un même lieu des restes qui avaient droit à des hommages distincts.

Ces tombeaux, dans le principe, étaient placés dans

l'intérieur des maisons, qu'on appelait le foyer domestique, précisément parce que le feu sacré y brûlait sans cesse. Mais de bonne heure, et par une raison de salubrité sans doute, des lois nombreuses et sévères interdirent toute sépulture dans l'enceinte de la ville ; elles en écartèrent les légions de mânes qui l'eussent rendue inhabitable et n'attribuèrent l'inviolabilité qu'aux tombeaux placés en dehors des murs. L'infraction, à cette règle, entraînait même, d'après un rescrit d'Adrien, une amende de quarante *aurei* et la confiscation du lieu de la sépulture. Naturellement les Pontifes se réservèrent le droit d'accorder les dispenses qu'ils croiraient opportunes. C'est ainsi [1], que par un privilége spécial, les cendres de Valerius Publicola, de Tubertus le vainqueur du lac Régille, de C. Fabricius, des vestales et des empereurs, purent reposer dans l'enceinte de Rome : et si quelques autres encore ont joui de la même prérogative, ils l'ont due à leur gloire et aux services par eux rendus à la république, mais la défense d'ensevelir dans la ville n'en était pas moins formelle.

A part cette restriction, les Romains étaient libres de choisir le lieu de leur sépulture. « Ils ont tant be« soin, comme le dit M. Dezobry, de bruit, de mou« vement, d'agitation, de gloire, qu'ils semblent ne

[1] Cic. *de leg.* II, 23.

« pouvoir s'en passer même après leur mort ; ils ont « peine à s'éloigner de la ville où ils ont vécu. Aussi « la législation, en excluant les sépulcres de l'inté- « rieur des cités, ne les en a pas écartés ; elle n'exige « qu'un isolement de soixante pieds de toute habita- « tion. C'est une précaution contre les incendies, « parce qu'on brûle ordinairement les corps devant « les tombeaux. »

Ainsi s'explique la préférence bien marquée des Romains, quand il s'agissait du lieu de leur sépulture, pour les endroits en vue des passants, comme le bord des grands chemins les plus fréquentés, tels que la Via Appia, conduisant à Brindes, la Via Flaminia et la Via Latina où se trouvent les sépulcres des Collatins, des Scipions et des Servilius.

Ces asiles des morts sont bâtis et ornés avec le même luxe, la même richesse, que les demeures des vivants ; « ils sont comme un reflet de la magnifi- « cence de la ville, car on y prodigue la pierre, le « marbre, le granit, disposés, taillés, sculptés de la « manière la plus élégante et la plus dispendieuse[1]. »

Des caractères symboliques rappellent la vie publique et privée du mort. Sur la tombe des adolescents, on sculpte des jeux et des fleurs, tandis que

[1] Dezobry.

des armes et des couronnes décorent les tombeaux des guerriers.

Des statues du défunt sont placées sur la façade du monument ; ainsi le Trimalcion de Pétrone recommande, dans son testament, de sculpter sur le marbre, ses traits et ceux de sa femme, ainsi que les combats livrés par lui, afin dit-il, de devoir au ciseau de l'artiste la gloire de vivre encore après sa mort. Cette coutume qui nous a valu une grande partie des statues et des bustes parvenus jusqu'à nous, était générale : « en sorte que les voyageurs qui marchaient « vers les portes des grandes villes, recevaient, s'il « est permis de s'exprimer ainsi, les saluts de ces « longues files de figures d'airain et de marbre, « d'hommes et de femmes des générations éteintes, « avant d'aborder le théâtre de la vie tumultueuse « du présent[1]. »

A l'intérieur du tombeau, la peinture était employée de préférence, et avec une infinie variété de sujets. Des scènes mythologiques, des images de la vie quotidienne, des paysages, des fleurs et des fruits remplissaient les murs et les voûtes.

Le luxe apporté à la décoration des tombeaux fut même poussé si loin, qu'une loi somptuaire, rendue par César, fixait la somme qu'on pourrait employer

[1] Fridlænder, III, 278.

à l'édification d'un sépulcre, en frappant ceux qui la dépasseraient d'une amende, au profit du peuple, égale à l'excédent de la dépense permise. Cette loi qui limitait la dépense en se réglant, sans doute, sur la condition du défunt, ne fut pas longtemps en vigueur; car les plus beaux tombeaux dont nous ayons encore des restes sont d'une date postérieure à Jules César. Certaines inscriptions nous indiquent même un des moyens dont on se servait pour frauder la loi : on bâtissait un tombeau dans lequel on n[illegible]i-sait que la dépense permise, puis du reste de l'argent que l'on y aurait consacré, on construisait quelqu'autre monument en l'honneur du défunt. Plutarque parle aussi de cette loi, dans la vie de Sylla[1], en observant que le dictateur romain la viola lui-même en prodiguant l'argent pour les funérailles de Metella sa femme.

Tous ces tombeaux formaient la majeure partie des lieux religieux : consacrés aux dieux mânes, ils eussent pris place parmi les lieux sacrés, au même titre que les temples, si le culte des morts n'eût été, par sa nature même, un culte essentiellement privé. Tous ceux qui avaient été régulièrement ensevelis y dormaient en paix, sous la protection des pontifes. La terre, où reposaient leurs restes, était leur de-

[1] V. t. III, p. 94.

meure, et en quelque sorte leur propriété[1]. Le respect de ces *res religiosæ* était assuré par une action spéciale, l'action *de sepulcro violato* donnée par préférence aux personnes investies du *jus sepulcri*, et dans l'inaction, ou à défaut de ces personnes, à tout le monde, aussi était-elle qualifiée *popularis*[2].

Ce caractère d'action populaire s'explique par suite de cette idée que l'ordre temporel avait été troublé en même temps que l'ordre spirituel. Les dieux courroucés devaient être apaisés, sinon, ils faisaient retomber leur colère sur la ville entière[3]. Celle-ci, en effet, est responsable envers les dieux des fautes de ses membres ; si elle ne les abandonne pas par l'*aquæ et ignis interdictio*, elle fait l'injustice sienne ; au contraire en châtiant le coupable elle le purifie et se purifie elle-même.

Cette action *de sepulcro violato* donnée à la suite de la violation d'un tombeau, aboutissait à l'infamie et à une peine pécuniaire, à la différence de l'action criminelle donnée pour la violation d'un cadavre, qui entraînait selon le rang social du coupable, la peine de la déportation ou celle des mines[4].

[1] C. Loi 4, lib. IX-19.

[2] D. Loi 1 et loi 3, pr. et §. 12, lib. XLVII, tit. 12.

[3] Voyez en ce sens Jhering, t. I.

[4] *Paul* I, 21, §. 4.

Les épitaphes servaient aussi d'auxiliaires pour garantir le respect dû aux tombeaux ; beaucoup, en effet, se terminent par des imprécations contre celui qui serait tenté de les violer[1]. Souvent, aussi, l'inscription invitait le voyageur à honorer la mort de ses souhaits et de ses vœux, et le bénissait pour cette attention. Ou bien encore, elle mettait dans la bouche du mort une réponse à son adresse, de sorte que le passant lisait sur la pierre tumulaire une sorte de dialogue entre lui et le défunt.

Mais il ne suffisait pas aux Romains d'assurer le respect de leur dernière demeure, ils voulaient encore en prévenir l'abandon et la ruine ; et dans ce but, par leur testament, ils indiquaient celui ou ceux à qui incomberait la charge d'entretenir le sépulcre. Ils avaient alors deux partis à prendre, ou bien le léguer à leur famille, à l'exclusion de tous autres héritiers, ou bien l'assimiler à leurs autres

[1] Telle est l'épitaphe suivante, citée par Orellius sous le n° 7382.

Sit tibi terra levis ut tu
Hic nihil læseris, aut si quis læserit nec superis
Comprobetur nec inferi recipiant et sit ei terra gravis.

Passant, que la terre te soit légère, si tu ne dégrades rien à ce tombeau ; mais si quelqu'un s'avisait d'y commettre une dégradation, qu'il ne puisse jamais être reçu en grâce par les dieux, que l'enfer le repousse, et que cette terre lui soit dure et pénible.

propriétés et en attribuer la possession à leurs héritiers quels qu'ils dussent être. On distinguait ainsi des sépulcres de famille et des sépulcres héréditaires. Quand on voulait montrer qu'il n'était pas permis à un héritier d'être enterré dans un sépulcre, on gravait sur le monument ces lettres, H. M. H. N. S. c'est-à-dire *hoc monumentum ad heredes non sequitur*, ou ces autres H. M. ad H. N. Trans, *hoc monumentum ad heredes non transit.* Dans les sépulcres de famille étaient ensevelis les enfants et proches parents ainsi que les affranchis. Quant aux sépulcres héréditaires, c'étaient ceux que le testateur avait fait faire pour lui et ses héritiers ; ou bien ceux qu'il avait acquis par droit d'héritage.

Souvent, dans le but de décourager la cupidité et de combattre l'esprit de luxe qu'il supposait à ses héritiers, le testateur frappait, d'une forte contribution au profit des pontifes, chaque aliénation de son monument funèbre ; sorte d'amende, que par une dérogation au droit commun, sanctionnait la loi civile.

CHAPITRE IV

CARACTÈRE JURIDIQUE DES SÉPULTURES

Section I : — Du jus sepulcri

Du *jus pontificum*. — Du *jus sepulcri* et de sa transmission. — Des héritiers siens. — Des exhérédés. — Des fideicommissaires. — Des successions vacantes. — Du trésor enfoui dans un tombeau. — De la *prescriptio longi temporis*. — Conséquences de ce que le tombeau est *res extra commercium*.

Les nombreux privilèges accordés aux sépultures par la loi pontificale, amenant sans cesse des exceptions au droit commun, compliquaient singulièrement les questions relatives à la propriété. La terre, où reposait un mort, était retranchée du monde profane, elle était mise hors du commerce ; c'était en un mot, une *res religiosa*. Soumise au *jus pontificum*, ce n'était plus qu'accessoirement que les règles du *jus civile* lui étaient applicables : car les Romains ont toujours nettement distingué le pouvoir sacerdotal du pouvoir civil ; et toujours ils ont subordonné le second au premier. Cicéron nous en fournit la preuve quand il réclame le terrain de sa maison, consacrée, pendant son exil, à la liberté ; l'affaire est portée successivement devant les pontifes et devant le Sénat : Les pontifes n'examinent que la question religieuse, la validité de la consécration ; le Sénat juge la question légale : qui pouvait disposer du terrain ? Mais si les deux pouvoirs étaient distincts, ils étaient réunis dans les mêmes mains : car les pontifes, qui avaient jugé la question religieuse, venaient s'asseoir parmi les sénateurs pour juger la question légale. On comprend donc facilement l'extrême importance du *jus pontificum* sur les *res religiosæ* et sa prééminence incontestée en ces matières, sur le *jus civile*.

Remarquons que chaque particulier pouvait, par sa seule volonté, imposer à la société entière le respect de sa religion privée, car si une chose ne peut devenir sacrée que par le ministère des pontifes, chacun, dit Justinien, peut rendre à son gré un lieu religieux, en déposant un mort, dans un terrain qui lui appartient[1].

Quoiqu'elles soient hors du commerce, les *res religiosæ* constituent une sorte de propriété particulière

[1] Lib. II, tit. 1, §. 7.

et forment l'objet d'un véritable droit privé connu sous le nom de *jus sepulcri*. Ce droit, cependant, ne peut pas s'appliquer aux tombeaux dont le défunt s'est réservé la propriété exclusive. Nous savons, en effet, que par une exception unique, à cette règle, que tout bien meuble ou immeuble ne peut appartenir qu'à des personnes vivantes, les sépulcres pouvaient être possédés par les morts qu'ils renfermaient ; et que la volonté de ceux-ci, gravée sur le marbre, était toujours respectée. Pour qu'un vivant puisse prétendre au *jus sepulcri* sur un tombeau, il faut avant tout qu'il ait le droit de s'y faire enterrer lui-même.

Ce *jus sepulcri* se transmet aux héritiers, et aux héritiers quels qu'ils soient, ainsi que nous l'avons vu, membres ou non de la famille du défunt[1] ; et ce droit s'étend non seulement aux *sepulcra hereditaria*, mais même aux *sepulcra familiaria*, par suite de la fiction qui répute l'héritier continuateur de la personne du défunt. Quant aux membres de la famille, privés de l'hérédité, ils ne perdent pas leurs droits sur ces *sepulcra familiaria*[2]. Si, pour se soustraire aux conséquences fâcheuses d'une mauvaise succession, l'héritier sien ou nécessaire use du bénéfice

[1] Loi 4, c. III, 44.
[2] Loi 13, c. III, 44.

d'abstention introduit par le préteur ; comme il conserve son titre d'héritier *jure civili*, que d'ailleurs il peut revenir sur son abstention, et qu'enfin, si la vente des biens du défunt donne un prix supérieur au montant des créances, c'est à lui qu'appartiendra l'excédant ; il n'en reste pas moins soumis à l'obligation de continuer le culte du défunt et succède à ses *jura sepulcrorum*.

Bien plus, les enfants, même exhérédés, conservent le *jus sepulcri*, à moins que le testateur n'ait formellement manifesté une volonté contraire[1].

Ce dernier était, en effet, tout puissant, et par son testament, il pouvait interdire à telle personne spécialement désignée, enfant ou héritier soit l'accès à son tombeau, soit le droit d'y être enseveli. Celui qui sciemment aurait violé cette défense, était tenu de l'action *sepulcri violati*[2]. D'un autre côté, l'héritier qui aurait été écarté de la succession comme indigne, n'en conserverait pas moins le *jus sepulcri*[3]. Quant aux affranchis, ils ne peuvent réclamer ce droit que s'ils sont les héritiers de leur patron[4].

Enfin, si nous supposons que le défunt a fait, par

[1] Loi 6, pr. D. XI, 7.
[2] Loi 3, §. 3, D-XLVII, 12.
[3] Loi 33, D-XI, 7.
[4] Loi 6, pr. D-XI, 7.

son testament, un fideicommis d'hérédité, c'est-à-dire, a chargé celui qu'il désignait comme son héritier, de restituer à un tiers, nommé fidéicommissaire, tout ou partie de sa succession, malgré la fiction du sénatus-consulte Trebellien, qui considérait ce fidéicommissaire comme un véritable héritier, les *jura sepulcrorum* n'en restaient pas moins sur la tête de l'institué[1].

C'est encore en vertu de ce principe, qui considère l'héritier comme continuateur de la personne du défunt, que celui qui a possédé pendant un an la totalité, ou seulement la plus grande partie des biens laissés par un individu à la succession duquel personne ne s'est présenté, acquiert la fortune du défunt et se trouve ainsi soumis à ses dettes, à ses *sacra privata,* et a droit aux *jura sepulcrorum.* Nous savons, en effet, que chacun pouvait s'emparer d'une succession vacante, comme d'une *res nullius*, ce qui assurait, nous dit Gaius[2], un double intérêt : celui des créanciers qui, à défaut d'héritiers, ne savaient comment se faire payer, et un intérêt religieux, car le culte domestique du défunt, dont le maintien importait à la cité elle-même, restait interrompu tant que sa personne n'avait pas de continuateur légal.

[1] L. 42, D. XXXVI, 1.
[2] XI, §§. 54 et 55.

Ce droit était, au reste, moins choquant qu'on ne pourrait le supposer, car c'étaient les plus proches parents eux-mêmes qui se trouvaient le plus à portée de mettre à profit l'occasion de s'emparer des biens laissés sans maître.

La situation inverse peut aussi se présenter : ce n'est plus une succession que personne ne réclame, c'est au contraire un patrimoine confisqué après la mort de son propriétaire. Cette circonstance peut se présenter dans trois cas ; et nous verrons que, suivant les hypothèses, les conséquences ne seront pas les mêmes.

1° La confiscation a lieu, quand surpris en flagrant délit de crime capital, le coupable se donne la mort, pour éviter l'accusation ; « il ne peut plus avoir d'héritier, » disent les textes : « *Qui rei postulati, vel qui in scelere deprehensi metu criminis imminentis mortem sibi consciverunt heredem non habent*[1]. Mais, d'un autre côté, une constitution des empereurs Théodose et Valentinien, nous apprend qu'en pareil cas, si le coupable meurt, laissant des fils ou des filles, nés ou posthumes, la moitié du patrimoine de leur père leur est laissée par le fisc[2]. Ils gardent donc un avantage considérable de leur qualité d'en-

[1] Loi 3, pr. D. XLVIII, 21.
[2] Loi 10, C. IX, 49.

fants, quoique la loi, citée plus haut, leur refuse le titre d'héritiers. Rien ne s'oppose alors à l'application des principes généraux et ils succèdent aux *jura sepulcrorum*.

2° Il en sera de même, et pour les mêmes motifs, si l'individu, déjà accusé d'un crime capital, se tue *metu criminis*, c'est-à-dire, pour échapper à une condamnation inévitable. Nous avons déjà parlé de la distinction fondamentale entre le suicide de l'innocent et celui du coupable ; nous en trouvons ici une nouvelle conséquence juridique, et la preuve que les idées religieuses exercèrent sur la théorie de la confiscation, comme sur tant d'autres, une influence considérable[1].

3° La troisième hypothèse nous est fournie par les Institutes (*lib*. III-1, §. 5), qui décident que les enfants d'un accusé de haute trahison (*perduellio*) qui vient à mourir même fortuitement, pendant le procès, et dont la culpabilité est ensuite reconnue, cessent d'être *héritiers siens*. A la différence des cas précédents, le fisc ici garde le patrimoine en entier, et comme la primitive croyance des Romains faisait retomber les crimes des ancêtres sur leur postérité, on ne doit pas être surpris de voir les enfants du criminel dont la mémoire est déclarée infâme, perdre,

[1] V. Accarias, t. II, p. 181.

avec le titre d'héritiers, tous les avantages attachés d'ordinaire à la qualité de descendants. Ils ne succèdent ni aux biens, ni aux *sacra* et *jura sepulcrorum* du père, dont le culte privé se trouve éteint par aggravation de peine. Nul doute sur ce point, les textes sont formels [1].

Nous avons vu que pour prétendre à la possession du *jus sepulcri*, il faut avoir le droit d'être enseveli dans le tombeau : ce droit emporte, comme corollaire, la faculté de léguer le *jus mortuum inferendi* [2] ; alors que le sépulcre lui-même ne pourrait pas valablement faire l'objet d'un legs, puisque les *res religiosæ* sont hors du commerce. Il implique encore pleine liberté de modifier la forme et l'ornementation du monument [3], de faire procéder aux réparations devenues nécessaires, pourvu toutefois qu'elles n'entraînent pas un déplacement des restes, ni ne les exposent à la lumière du jour ; car alors l'autorisation des pontifes est nécessaire, au même titre, que lorsqu'il s'agit d'une exhumation [4].

Si, par suite de réparations, de fouilles ou autres ouvrages analogues, un trésor vient à être découvert

[1] L. 1, §. 3, D. XXXVIII, 16.
[2] Loi 14, C. VI, 37.
[3] Loi 7, C. III, 44.
[4] Loi 5, §. 1. D. XI, 8, et Loi 2, c. théod. IX, 17.

dans un sépulcre, c'est-à-dire dans un terrain n'appartenant à personne, d'après les Institutes de Justinien [1], il devenait, en entier, la propriété de l'inventeur ; mais un texte de Callistrate nous apprend que suivant une constitution des *divi fratres*, Marc-Aurèle et Vérus, le fisc pouvait en réclamer la moitié. On a cherché à concilier ces deux textes, et selon certains interprètes, la constitution des empereurs n'aurait statué que sur les trésors trouvés dans les terrains religieux ou sacrés situés en province, et n'aurait été qu'une conséquence du droit de domaine éminent que possède l'Etat sur les fonds provinciaux. M. Accarias s'élève contre cette doctrine, car, dit-il, « Marc-Aurèle décide de la même manière à l'égard « du trésor trouvé *in locis fiscatibus* ; et assurément « ce prince ne songeait pas à distinguer selon que le « terrain appartenant au fisc, était situé en Italie ou « en province. » Quoiqu'il en soit, notons à ce propos que le trésor trouvé dans le tombeau n'est pas considéré comme ayant un caractère religieux, attendu qu'il était défendu par les lois d'enfouir avec les morts de l'argent ou autres objets précieux [1].

Le *jus sepulcri* tel que nous venons de le définir, pouvait-il s'acquérir par la *præscriptio longi tempo-*

[1] Lib. II, I, §. 39.
[2] L. 4, §. 6, D. XLVIII, 13.

ris? Une constitution d'Alexandre, (*loi* 6 *au code III*, 44,) paraît bien admettre l'affirmative ; si telle en est vraiment la signification, elle est contredite par Ulpien (*L.* 4, *D. XI*, 8). Différentes conciliations ont été proposées. « *Monumentorum inscriptiones, neque sepulcrum jura neque dominium loci puri ad libertos transferent. Præscriptio autem longi temporis si justam causam initio habuit, vobis proficiet,* » dit l'Empereur Alexandre. Suivant Pothier[1], cette dernière phrase se rapporterait aux mots *loci puri,* et à ces mots seuls; les lieux non consacrés peuvent être acquis par la *præscriptio longi temporis*, telle serait sa signification. Mais c'est là un principe général qu'il était inutile de rappeler, et cette interprétation, tournant la difficulté sans la résoudre, enlève toute portée à la seconde partie de notre texte. Une autre explication a été proposée; nous la croyons plus acceptable : Godefroyd remarquant que la constitution d'Alexandre vise spécialement les affranchis, et se souvenant que la coutume romaine donne à ces derniers une sorte de droit de famille sur la sépulture de leur patron, d'accord avec la loi précitée, déclare que pour ces affranchis, la *longa possessio* sera une cause suffisante à l'acquisition du *jus sepulcri :* le texte d'Ulpien se référerait aux personnes dénuées de toute espèce de

[1] *Pand.* XI, 7, n° 16.

droit ; c'est pour celles-là que cette acquisition du *jùs sepulcri*, par la seule possession, est impossible.

De même qu'il ne peut pas être légué, et toujours par suite de ce principe qu'il est *extra commercium*, le sépulcre ne peut être ni aliéné, ni hypothéqué, ni revendiqué, ni partagé[1]. Il ne peut pas davantage faire l'objet d'une stipulation même conditionnelle, pour le cas où le lieu cesserait d'être religieux ; et en sens inverse, la stipulation d'un lieu *in commercio*, valable au début, s'éteindrait, si, sans le fait du promettant, le lieu devenait religieux (*Inst. c. III*, *tit.* 20, §. 2).

Si, d'après ces principes, nous supposons que le propriétaire d'un domaine renfermant un sépulcre, a vendu son bien, l'acheteur n'aura aucun droit sur ce tombeau enclavé parmi les lieux qui ont fait l'objet de la vente ; et le *jus sepulcri* demeurera sur la tête de l'ancien propriétaire. Bien plus, ce dernier pourra réclamer un droit de passage sur les terres par lui vendues, alors même qu'aucune stipulation sur ce point ne serait intervenue au contrat de vente, comme c'était l'usage[2] ; mais en revanche, l'acheteur aura droit à la restitution de la portion du prix

[1] L. 4, c. III, 44. — L. 23, §. 1. l. 43, D. VI, 1.
[2] L. 22-24, D. XVIII, 1. — L. 5, D. XLVII, 12.

correspondante à la partie du fonds dont il va être privé[1]. Notons que pour se faire accorder cet accès au tombeau, le vendeur n'avait pas d'action civile contre le propriétaire voisin ; il pouvait seulement faire statuer sur le fait *extra ordinem*. Il y avait donc là une sorte de servitude légale pour les fonds avoisinant un sépulcre, et servitude jouissant d'un certain privilège, car elle ne se perdait pas par le non-usage[2].

Mais tout propriétaire pourra-t-il ainsi par sa seule volonté, et par le seul fait de bâtir un sépulcre dans un fonds enclavé, imposer une charge aux fonds voisins? Sans doute, répond Ulpien, car le droit des morts passe avant celui des vivants et l'usage des sacrifices exige un accès facile au tombeau ; toutefois, le juge aura égard à la situation des lieux et au dommage causé[3]. En dehors de cette servitude de passage, l'établissement d'un sépulcre peut encore entraîner certains préjudices pour les fonds environnants : il en peut être ainsi, par exemple, par suite de l'écoulement des eaux pluviales provenant du mo-

[1] L. 23, D. XVIII, 1.

[2] L. 4, D. VIII, 6. — Quoique attachée au sépulcre, cette servitude n'était pas cependant hors du commerce ; ainsi elle pouvait fort bien être revendiquée. L. I, D. VIII, 5.

[3] L. 12, D. XI, 7.

nument. Donnera-t-on alors action aux propriétaires lésés, et contre qui? Ici se présente une difficulté, car nous savons qu'on ne répond du dommage causé par une chose, que si on a cette chose en sa propriété, ou tout au moins en sa possession. Or, celui qui a fait bâtir un sépulcre sur son fonds en a perdu et la propriété et la possession, car on ne peut pas posséder une *res religiosa*[1]. Néanmoins, Ulpien rapportant une décision de Labéon, décide que l'action pourra être intentée contre l'ancien propriétaire du fonds; car, dit-il, il était propriétaire lorsqu'il a bâti le sépulcre. Et si, en exécution de la sentence, il est obligé de remettre les choses en leur premier état, il n'y aura pas lieu à l'action établie contre ceux qui violent la sainteté des sépulcres. (*L.* 4 *pr. D.* 39, 3).

Etant *extra commercium* les *res religiosæ* ne peuvent être ni revendiquées, ni usucapées, ni grevées de servitudes[2].

Quid des matériaux affectés à l'édification d'un tombeau. Dans la rigueur des principes, comme ils participent au caractère religieux du monument, ils ne sauraient être revendiqués, alors même que le sépulcre serait détruit, ou qu'ils en auraient été déta-

[1] L. 30, §. 1, D. XLI, 2.

[2] L. 43, D. VI, 1. — Just. Inst. 2, VI, §. 1. — L. 4, D. VIII, 4.

chés pour une cause ou pour une autre. En fait cependant, on accorde une action *in factum extra ordinem* au propriétaire des matériaux, lorsqu'ils ont cessé d'être incorporés au sépulcre. (*D. l.* 43, *lib. VI, tit.* 1).

Ainsi encore, on ne pouvait imposer à un sépulcre la servitude *non altius tollendi*, ni limiter le nombre d'hommes qui y reposeraient ; car la volonté des particuliers était impuissante en cette matière, et grever un tombeau d'une servitude aurait paru porter atteinte aux mânes eux-mêmes.

Section II. — Conditions nécessaires pour qu'un lieu devienne religieux.

1° Dépôt du cadavre. — De la sépulture des ennemis.
2° Propriété du terrain. — Des actions données au vrai propriétaire. — Des interdits *de mortuo inferendo* et *de sepulcro ædificando*.
3° Perpétuité de l'inhumation.
4° Des lieux propres à recevoir des inhumations.
5° Du droit de procéder aux obsèques. — Du legs. — Du mandat.

Tous ces privilèges juridiques accordés aux sépultures, avaient pour conséquence de soulever dans la pratique des difficultés sans cesse renaissantes. On conçoit donc facilement que le collège des pontifes se soit toujours montré très-strict et très-méticuleux, lorsqu'il s'agissait de reconnaître à une *res* la qualité de *religiosa*. Nous connaissons les effets produits par cette qualité, voyons maintenant quelles étaient les conditions exigées pour l'acquérir.

1° Avant tout, pour qu'un lieu devienne religieux, il faut que le dépôt matériel des restes humains y ait été effectué; nous avons même déjà vu que la présence d'un cadavre ou de ses cendres ne suffisait pas pour conférer à un tombeau le caractère religieux. L'inhumation devait être faite avec certaines formalités, pour que les mânes du défunt soient comme fixées au tombeau par le pouvoir de formules traditionnelles. On ne tiendra donc pour religieux, ni un cénotaphe[1], ni un terrain dès à présent destiné à servir de sépulture, mais qui n'a encore reçu aucune dépouille mortelle. Au reste, les Romains, plus respectueux pour les morts que pour les vivants, ne distinguent pas entre les citoyens et les esclaves; la mort rétablit l'égalité, et le tombeau des uns comme des autres est tenu pour religieux[2]. Un texte de Paul semble faire une exception pour la sépulture des ennemis qui resterait lieu profane l. 4. D. XLVII. 12 : « *Sepulchra hostium religiosa nobis non sunt, Ideoque lapides inde sublatos, in quemlibet usum convertere*

[1] L. 6, §. 1, D. XI, 7.
[2] L. 2, pr. D. XI, 7.

possumus : non sepulchri violati actio competit. » Mais il ne faut pas donner à ce texte une portée trop large ;il se réfère seulement aux sépultures qui se trouvent parmi les terrains conquis sur l'ennemi et non pas aux sépulcres des ennemis situés sur le territoire romain [1]. C'est l'application inverse du principe par suite duquel, si les ennemis s'emparent d'une partie du territoire romain, tous les sépulcres et tous les temples qui y sont situés perdent leur caractère religieux ou sacré. Pomponius compare cet état de servitude à l'esclavage que subissent les habitants du pays conquis [2]. Si la conquête vient à cesser, les lieux sacrés ou religieux reprennent leur caractère primitif en vertu du *jus postliminii.*

De la nécessité d'une inhumation réelle, pour que le terrain devienne religieux, résulte ce corollaire que le caractère de lieu religieux n'appartient pas à tout l'immeuble qui contient les dépouilles humaines [3] ; mais uniquement à la partie de cet immeuble qui a reçu le dépôt, en d'autres termes, au tombeau avec ces accessoires, parmi lesquels figurent surtout les abords du tombeau. C'est ainsi qu'on gravait souvent sur le monument sa contenance : *in fronte pedes*

[1] Godefroyd ad pand. l. 36, XI, 7.
[2] L. 36, D. XI, 7.
[3] L. 2, §. 5, D. XI, 7.

tot, tant de front, (sur la route); *in agro pedes tot*, tant sur la campagne, (de profondeur).

Il y a plus, comme un seul individu ne saurait avoir plusieurs tombeaux, si ses dépouilles mortelles ont été déposées en plusieurs endroits différents, on ne répute religieux que le lieu ou a été mise la partie principale du défunt, à savoir sa tête.

2° En second lieu, l'inhumation doit avoir été faite par le propriétaire du terrain, ou tout au moins, avec son assentiment, car personne ne peut disposer de la chose d'autrui [1]. Si donc un tiers de sa propre autorité, enterre un mort sur le terrain d'autrui, le lieu ne devient pas religieux : le maître du sol, en présence de cette violation de son droit de propriété a le choix entre deux partis : ou solliciter, soit du prince, soit des pontifes, l'autorisation d'enlever le cadavre, ce qu'il ne pourrait faire de son propre chef sans s'exposer à une action d'injures [2], à cause du respect dû aux morts ; ou bien, s'il le préfère, exercer, contre le tiers auteur du dépôt, une action prétorienne *in factum*, tendant à faire enlever le mort par le défendeur et subsidiairement à obtenir des dommages-intérêts. Cette action [3] est transmissible

[1] Inst. lib. 2. tit. 1, §. 9.
[2] L. 14, c. III, 44. l. 8, D. pr. XI, 7.
[3] L. 2, D. XI, 7. L. 7, pr. D. XI, 7.

pour et contre les héritiers et elle est perpétuelle ?

Dans le cas où le terrain serait une propriété collective, l'un des propriétaires pourrait-il le convertir en sépulture, sans l'aveu de ses co-propriétaires ? Il faut faire une distinction ; s'il s'agit de l'inhumation d'un des co-propriétaires, le consentement des autres n'est pas nécessaire ; surtout s'il n'y a pas d'autre lieu pour sa sépulture : il le devient, au contraire, dans le cas où c'est un étranger que l'un des co-propriétaires veut ensevelir dans le fonds commun. Dans cette hypothèse, les textes indiquent trois actions possibles, au profit des co-propriétaires dont le droit a été sacrifié : ou l'action *in factum* (*l.* 6 §. 6. *D.* X. 3.) ou l'action *communi dividundo* et *familiæ erciscundæ* (*l.* 2. *D.* XI. 7,) ou *l'action pro socio* (*l.* 39. *D.* XVII. 2.) Faut-il admettre avec Voet que ces trois actions concourent,en se fondant sur un argument d'analogie avec le cas où un co-propriétaire a corrompu l'esclave commun et où Ulpien [1] donne contre le maître coupable les trois actions qui nous occupent ? Faut-il dire avec Pothier [2] que l'action *in factum* est donnée lorsqu'il y a doute sur la légitimité de l'action directe, car, quoique le bien

[1] L. 9, D. XI, 3.

[2] *Pand.* lib. XI, tit. 7, 8, note B.

ne soit pas devenu religieux il en a cependant pris, dit-il, certains caractères par suite de l'inhumation, et peut-être est-il juste de dire que l'action *communi dividundo* n'est plus applicable ? Une troisième interprétation, celle de M. Accarias, nous semble préférable ; selon lui, « le co-propriétaire lésé peut, au lieu « de recourir à l'action *in factum*, faire statuer sur « l'indemnité par le juge de l'action même en par- « tage. Mais cette marche plus simple n'est possible, « que lorsqu'il veut sortir de l'indivision et non pas « simplement obtenir une indemnité. » Toutefois, ajoute notre éminent auteur, on peut proposer une autre conciliation, car la contradiction qu'on a cru voir entre le texte qui donne l'action *in factum* et celui qui indique l'action *familiæ erciscundæ*, n'est guère admissible, l'un et l'autre étant tirés du commentaire d'Ulpien sur l'édit. Dans le premier de ces textes, Ulpien rapporterait sans l'approuver la doctrine de Trebatius et de Labéon qui donnaient l'action *in factum*. Dans le second, il émettrait son opinion personnelle ; et s'il préfère l'action en partage, c'est que le texte de l'édit qui consacre l'action *in factum* suppose l'inhumation faite *in loco alterius*, expressions applicables à un *non dominus*, mais non pas à un *socius*. Remarquons, en outre, que dans l'exemple tiré d'Ulpien, et sur lequel se fonde Voet pour soutenir que les trois actions concourent, il s'agit d'actions pénales, tandis que dans le cas qui nous occupe, il s'agit d'actions *rei persecutoriæ*. Or, selon les principes du droit romain le cumul admis pour les premières est repoussé pour les secondes.

Dans le même ordre d'idées, l'usufruitier d'un terrain ne peut, en y enterrant un mort sans l'assentiment du nu-propriétaire, le rendre religieux ; non plus que celui-ci, sans la permission de l'usufruitier ; à moins cependant, dit Ulpien, qu'il n'enterre dans ce terrain celui-là même qui en a légué l'usufruit, ne trouvant point ailleurs un lieu commode pour l'inhumer[1]. Dans le cas où le défunt possédait des fonds distincts et séparés et où il en a légué l'usufruit à différentes personnes, il pourra être inhumé dans une des ses terres et son héritier sera le maître de choisir celle qu'il voudra ; moyennant quoi ce dernier pourra avantager un des légataires. Mais alors l'usufruitier aura une action utile contre l'héritier, pour se faire indemniser par lui de ce dont son usufruit va se trouver diminuée par suite de ce choix. (*l.* 46. *D.* XI. 7.)

De tous ces textes nous pouvons tirer un principe général : c'est que pour qu'une inhumation rende un terrain religieux, il faut qu'elle ne blesse aucun droit;

[1] Loi 2, §. 7, D. XI, 7.

que le propriétaire du fonds en ait le *jus utendi* et le *jus abutendi*. Un lieu grevé d'une servitude prédiale ne pourra donc pas devenir religieux par la seule volonté de son propriétaire ; car le droit de ce dernier rencontre un obstacle dans le droit d'un tiers. Si cependant celui à qui la servitude est due peut exercer son droit aussi commodément sur une autre partie du fonds, la sépulture sera tenue pour régulière (*l.* 2. §. 8. *D.* XI. 7), et le lieu deviendra religieux, alors même que le propriétaire du fonds dominant n'aurait pas donné son assentiment.

Par analogie, nous devrions décider que celui qui a donné une terre en gage a besoin du consentement de son créancier, pour y faire une inhumation valable. Cependant ce consentement n'est pas requis lorsque le propriétaire du fonds y enterre un membre de sa famille, ou que lui-même y est enseveli (*l.* 2 §. 9. *D.* XI. 7.) « *Is, qui pignori dedit agrum, si in eum* « *suorum mortuum intulerit, religiosum eum facit:* « *sed et si ipse inferatur, idem est. Cæterum alii con-* « *cedere non potest,* » En effet, dit Pothier [1], il serait impie et inhumain qu'un créancier, dont le gage ne se trouve amoindri que pour une très-faible partie, pût refuser à un propriétaire la faculté d'enterrer les siens dans son domaine, ou le droit d'y reposer lui-

[1] *Paud.* XI, 7, n° 9, note D.

même. Mais ce droit, le propriétaire ne peut le céder à un étranger que du consentement de tous les intéressés ; car alors, la raison d'humanité se fait moins vivement sentir. (*l.* 3. *D.* XI. 7.)

Nous connaissons la sanction de toutes ces dispositions, et les moyens d'action que la loi met entre les mains des propriétaires ou de tous ceux qui ont le droit de s'opposer à une inhumation. Mais qu'arrivera-t-il, si quelqu'un se refuse injustement à laisser procéder à un ensevelissement ou à l'érection d'un tombeau? Le préteur donnera, alors, au propriétaire du fonds les interdits de *mortuo inferendo* et *sepulcro ædificando*, pour que le mort ne reste pas, même provisoirement, sans sépulture. Ce propriétaire procédera alors librement aux funérailles, sauf à succomber peut-être, plus tard, dans l'instance qui sera intentée contre lui (*l.* 1 *pr.* §. 5 *D.* XI. 8. *et l.* 43. *D.* XI. 7. [1]) Bien souvent, au lieu de recourir à l'interdit, le

[1] Il peut arriver, que tout en construisant le tombeau sur son propre terrain, on porte atteinte au droit du voisin, en bâtissant, par exemple, plus près de son fonds que la loi ne le permet. Celui qui se prétend lésé peut recourir alors à la *nuntiatio operis novi*, déclarant que la construction commencée est faite en violation de son droit. Le propriétaire est alors obligé d'arrêter les travaux, à moins qu'il n'obtienne *main levée* provisoire de la *nuntiatio*, en garantissant que l'ouvrage sera démoli si la question de droit est jugée contre lui ; si, au contraire, il passe outre, il s'expose à l'interdit *quod vi autem clam*, par lequel on démolira

maître du fonds qui se voyait contester son droit de propriété, accomplissait la sépulture dans un autre endroit, puis intentait contre son adversaire l'action *in factum*, par laquelle il le faisait condamner à l'indemniser de l'intérêt que celui-ci avait eu de ne point souffrir ce trouble. On faisait aussi entrer dans la condamnation le prix du terrain acheté pour bâtir le tombeau : « ... *per quam consequitur actor, quanti ejus* « *interfuerit, prohibitum non esse ; in quam computa-* « *tionem cadit loci empti pretium, aut conducti merces ;* « *item sui loci pretium, quem quis, nisi coactus (est,)* « *religiosum facturus non esset. Unde miror, quare* « *constare videatur : neque heredi, neque in heredem* « *dandam hanc actionem. Nam, ut apparet, pecuniariæ* « *quantitatis ratio in eam deducitur : certe, perpetuo* « *ea inter ipsos competit.* » (*l.* 9. *D.* XI. 7.)

3° La troisième condition nécessaire, pour qu'un lieu devienne religieux, est que l'inhumation ait été faite à perpétuité, et dans le but de donner au mort une demeure éternelle. L'ensevelissement provisoire des restes d'un mort, que l'on compte transporter ailleurs, n'ôterait pas au terrain son caractère profane (*l.* 40 *D.* XI. 7) et point n'était besoin dans ce cas

ses constructions, sans attendre le jugement, et alors même qu'il aurait le droit pour lui, par cela seul qu'il a usé de voies de fait, au lieu de suivre les voies judiciaires.

d'une autorisation spéciale pour opérer la translation du cadavre (*l.* 10. *c.* III. 44) ; tandis qu'au contraire, quand le tombeau avait reçu son caractère religieux, l'exhumation et la translation des restes qu'il renfermait ne pouvaient avoir lieu sans la permission expresse du collège des pontifes (*l.* 8. *D.* XI. 7.)

4° Il faut encore que le terrain puisse légalement recevoir un cadavre. Nous ne reviendrons pas sur la prohibition d'ensevelir les morts dans l'enceinte de Rome et sur laquelle nous nous sommes suffisamment étendus. Notons seulement qu'Adrien étendit cette défense au territoire de toutes les cités, abrogeant les lois municipales contraires, et la sanctionna par des peines sévères (*l.* 2 §. 5, *D.* XLVII 12). Les lieux publics ne pouvaient pas davantage convenir aux sépultures (*l.* 8 §. 2, *D.* XI. 7), et on ne voit pas que les pontifes, qui ont souvent accordé des dispenses pour l'ensevelissement dans l'intérieur de la ville, aient jamais laissé confisquer un lieu public par une religion particulière.

5° Enfin le caractère religieux du terrain est encore subordonné au droit et à la qualité de celui qui a procédé à l'inhumation. C'est avant tout à celui qui en a été chargé par le défunt d'accomplir les funérailles ; c'est son droit et son devoir, mais devoir de respect et de reconnaissance seulement et à l'exécution duquel la loi n'a pas à veiller, aucune peine n'étant infligée à celui qui le néglige. Toutefois, si le testateur a laissé un legs en considération de ce dernier service, le legs tombera par suite de la négligence du légataire à accomplir la volonté du défunt, (*l.* 12 §. 4, *D.* XI 7). Ulpien est même d'avis qu'en cas où le legs aurait déjà été payé, le préteur pourrait forcer le légataire à procéder aux funérailles, en agissant contre lui *extra ordinem* (*l.* 14 §.2, *D.* XI, 7).

Sans en rien mettre dans son testament, le défunt avait pu aussi donner mandat à quelqu'un d'élever à son profit un tombeau, soit de son vivant, soit même après sa mort (*l.* 12 §. 17, *D.* XVII. 1) ; ce qui était une exception à la règle que toute stipulation faite pour être exécutée *post mortem stipulantis* est nulle puisque nous ne pouvons faire naître ni créances, ni obligations dans la personne de nos héritiers. Deux autres exceptions nous sont encore indiquées par les textes. La première est celle de *l'adstipulatio* ; pour éviter la nullité de la stipulation dont l'effet ne devait se produire qu'après la mort du stipulant, on s'adjoignait un *adstipulator* qui, lui, faisait une stipulation valable, puisqu'il stipulait *post mortem alterius* et avait contre le débiteur l'action *ex stipulatu*, par laquelle il se faisait payer la somme promise et la restituait aux héritiers du stipulant investis contre lui de l'action *mandati*. La seconde exception est celle du mandat, par lequel on charge un tiers d'acheter un fonds pour ses héritiers (*l.* 13 *D*. XVII. 1). Ces trois exceptions offrent ceci de particulier, qu'aucune d'elles n'exclut d'une façon absolue la possibilité d'une action à exercer par le mandant ou contre lui. On peut donc en conclure que la stipulation *post mortem suam* n'est nulle que lorsqu'il est absolument impossible qu'elle produise son effet du vivant des parties. C'est ainsi que je puis charger un tiers de m'élever un tombeau après ma mort, car rien ne l'empêche d'y procéder de suite ; au contraire, si je le charge de prendre soin de mes funérailles, il n'y aura pas là de mandat valable et obligatoire, car on est sûr qu'il ne sera pas exécuté de mon vivant. Si donc le tiers se refuse à tenir sa promesse, nulle action ne sera donnée contre lui.

A défaut, ou dans l'inaction de la personne désignée par le défunt, la charge de pourvoir aux funérailles, retombe sur les héritiers, nous nous sommes déjà expliqués sur ce point.

On tient pour régulière l'inhumation faite soit par l'héritier non encore investi de la succession et sans qu'on puisse dire qu'il fait par là acte d'héritier, soit par toute autre personne, dans un terrain qui appartenait au défunt à l'époque de son décès ; car dit

Ulpien, le lieu de la sépulture appartient au mort, propriétaire de son tombeau ; surtout s'il s'agit d'un fonds que vivant il avait lui-même destiné à recevoir ses restes. « *Ego, etiamsi non heres* « *eum intulerit, sed quivis alius, herede vel cessante,* « *vel absente, vel verente, ne pro herede gerere videa-* « *tur, tamen locum religiosum facere puto : plerumque* « *enim defuncti ante sepeliuntur, quam quis heres (eis)* « *existet... (l. 4. D.* XI. *7).*

Section III. — De l'action funéraire.

Ses caractères. — Conditions auxquelles elle peut s'exercer. — A qui elle appartient. — Contre qui elle est dirigée.

Nous avons vu sur quelles personnes pesait l'obligation de procéder aux funérailles ; mais, outre qu'on pouvait légalement se soustraire à cette tâche, puisqu'aucune disposition légale ne venait l'imposer à celui qui en avait été chargé par le défunt, il pouvait encore arriver que le *de cujus* ne laissât ni parents ni héritiers. Le cadavre ne pouvait cependant rester sans sépulture, et la cité tout entière était intéressée à ce que de promptes obsèques vinssent assurer, avec le repos du mort, la sécurité des vivants.

Il importait donc de garantir à celui qui, dans ces

conditions, viendrait, sans titre et sans mandat, rendre les derniers devoirs au défunt, le remboursement des dépenses faites dans l'intérêt de la décence publique et de la salubrité générale. C'est ce que fit le préteur, en créant *l'actio funeraria.*

Cette action compète à toute personne qui, sans y être obligée, a avancé les frais de la sépulture, et veut se faire indemniser. Mais, comme elle est donnée *ex æquo et bono*, les dépenses ne seront remboursées, qu'autant qu'elles auront été faites en proportion de la fortune et du rang du défunt. On ne saurait même alléguer, dit Ulpien[1], que des sommes excessives ont été dépensées pour obéir à la volonté de celui qui n'est plus, car chacun sait que l'on ne doit point tenir compte de cette volonté, si elle est déraisonnable. Cette restriction s'imposait même, par raison d'équité, car les frais funéraires étaient privilégiés ; c'est-à-dire que le *curator funeris* jouissait d'un droit de préférence opposable à tous les créanciers chirographaires[2], tout au moins, en ce qui concernait les dépenses nécessaires, telles que le transport et la garde du corps, ainsi que la construction d'un bûcher et l'achat d'un terrain propre à conserver les cendres. Ce privilège étant attaché à

[1] L. 14, §. 6, D. XI, 7.
[2] L. 17, de reb. auct. jud.

la cause de la créance, et non à la qualité du créancier, était transmissible, et survivait, sauf intention contraire, à toute novation [1].

La loi, du reste, ne fixe pas de délai pour exercer l'action funéraire, qui, de sa nature, est perpétuelle ; mais pour parer à cette menace, sans cesse suspendue sur la tête des héritiers, le préteur ne l'accorde qu'à la condition expresse, qu'au moment où les dépenses funéraires ont été faites, le *curator funeris* avait l'intention de se faire rembourser et n'agissait pas uniquement dans une intention d'humanité ou d'affection [2].

Il est donc prudent de bien établir ses intentions par avance, et Ulpien conseille aux héritiers qui, tandis qu'ils délibèrent encore sur l'acceptation d'une succession, procèdent à l'inhumation du défunt, de ne point se contenter de dire qu'ils agissent *pietatis gratia*, pour établir qu'ils ne font pas acte d'héritiers, (car, si plus tard ils répudient la succession, leur précaution se retournerait contre eux et serait interprétée comme une renonciation à l'action funéraire) ; mais de déclarer formellement qu'ils entendent être remboursés de leurs dépenses [3]. Le même juriscon-

[1] L. 17, pr. eod. tit.
[2] L. 14, §. 7, D. XI, 7.
[3] L. 14, §. 8, eod. tit.

sulte prévoit encore l'hypothèse, où le *curator funeris* aurait procédé aux funérailles, partie dans l'intention d'agir par reconnaissance ou respect pour la mémoire du mort, *pietatis gratia*, partie en qualité de *negotiorum gestor* et avec l'intention d'être indemnisé. La dépense se partagera alors entre lui et ceux qui plus tard recueilleront la succession du *de cujus*[1].

Du caractère de bonne foi, attaché à l'*actio funeraria*, résulte encore une seconde condition nécessaire à son exercice : l'absence de toute intention outrageante envers la mémoire du défunt. A première vue, il semble contradictoire de supposer que le fait même de procéder à la sépulture d'un homme puisse constituer une injure à son égard. Il en peut être ainsi cependant ; et si l'on se rappelle ce que nous avons dit de l'importance attachée par les anciens aux cérémonies funèbres, et du luxe qu'ils aimaient à y déployer, on ne sera point surpris de voir le *curator funeris* accusé et convaincu d'injure grave envers le défunt, lorsqu'au lieu de procéder à des obsèques en rapport avec la situation du mort, il l'a inhumé d'une façon mesquine, comme un pauvre ou un esclave. Cette intention méchante suffisait pour faire perdre le bénéfice de l'action funéraire[2].

[1] L. 14, §. 9, eod. tit.

[2] L. 14, §. 10, D. XI, 7.

Perpétuelle et de bonne foi, cette action est encore subsidiaire, c'est-à-dire qu'elle n'est accordée qu'en l'absence de toute autre voie de recours [1]. Si donc j'ai reçu mandat de l'héritier de procéder aux funérailles, je pourrai agir contre lui par l'action *mandati ;* mais je n'aurai point *l'actio funeraria*. On s'est demandé ce qui arriverait si ce mandat m'avait été donné par un pupille non autorisé de son tuteur : selon la rigueur des principes, comme j'ai eu l'intention d'exécuter le mandat, et non de gérer l'affaire du défunt, je serais dépourvu de toute action ; cependant comme il est contraire à la bonne foi que le pupille s'enrichisse à mes dépens, on me donnera contre lui l'action funéraire utile [2].

Mais pourrait-on dire, l'action funéraire, avec ce caractère d'action subsidiaire, devient inutile, car on peut toujours la remplacer par l'action en gestion d'affaires. N'est-ce pas, en effet, gérer l'affaire de l'héritier, que de procéder aux obsèques dont la charge lui incombe ? Sans doute, mais la procédure romaine était essentiellement formaliste, et, comme le fait remarquer Pothier, celui qui se charge du soin des funérailles, avant toute addition à l'hérédité, ne peut être considéré, dans la rigueur des principes, comme

[1] L. 14, §. 12.
[2] V. Voet.

gérant les affaires, ni de l'héritier qui n'existe pas encore, ni de la succession, puisqu'elle n'est représentée par personne. Dans ces conditions, l'action en gestion d'affaires ne pouvait pas naître, et de toute nécessité, il fallait créer une action nouvelle. L'analogie même, qui, au premier abord, semble exister entre ces deux actions, ne saurait être admise ; ainsi que le fait remarquer notre savant maitre [1], M. Accarias, car l'action funéraire est fondée sur un motif d'ordre public, et « ce qui prouve bien qu'elle n'est « pas une simple copie de *l'actio negotiorum gestorum* « *contraria*, c'est qu'on la donne même à celui qui a « fait enterrer le défunt, nonobstant l'opposition de « l'héritier [2].»

Sachant à qui, et à quelles conditions, appartient l'action funéraire, il nous reste à voir contre quelles personnes elle peut être exercée. En principe, le préteur la donne contre celui à qui incombait la charge des obsèques : héritier civil ou prétorien, patron ou père de famille, dont les esclaves ou les fils ont été ensevelis. Notons, cependant, que lorsqu'il s'agissait d'un fils de famille possédant un pécule castrense, ses propres héritiers étaient ceux que l'on devait poursuivre tout d'abord. Dans le cas particulier où le dé-

[1] Droit romain, t. II, p. 594.
[2] L. 14, §. 13.

funt aurait, dans son testament, désigné une personne pour procéder à ses obsèques, en lui laissant un legs à cet effet, c'est contre elle que l'on agira. Nulle difficulté dans toutes ces hypothèses. Mais, que décider s'il s'agit d'une femme mariée ; à qui incombe la charge de ses funérailles: au mari ou aux héritiers? Les jurisconsultes et les interprètes ont cru devoir entrer ici dans de nombreux détails, et Pothier distingue différents cas, suivant que la femme était *sui juris* ou *filia familias*, dotée ou sans dot.

Si nous supposons d'abord une femme *sui juris* et possédant une dot, nous voyons, pourvu toutefois qu'elle soit morte *in matrimonio*, que ses funérailles se payent sur sa dot et sur sa succession, proportionnellement à l'importance respective de l'une et de l'autre. Il y aura donc une contribution à établir entre les héritiers de la femme d'une part, et d'autre part son mari qui garde la dot, ou son père qui la reprend[1]. Telle est la règle générale ; mais peut-on y déroger par des clauses spéciales? Pothier, se posant la question, prévoit l'hypothèse suivante : le constituant avait stipulé qu'à la mort de la femme les deux tiers de la dot lui feraient retour ; mais que le mari serait déchargé des frais funéraires. Se demandant si une telle stipulation est valable, le jurisconsulte con-

[1] L. 16, 17, 18 et 19, D. XI, 7.

clut que vis-à-vis des étrangers, le pacte est sans valeur, car on ne peut enfreindre une loi d'ordre public ; mais que si le constituant a, lui-même, enseveli la femme, il ne peut plus ensuite agir contre le mari.

Ajoutons que dans la contribution à établir entre le mari et les héritiers, ces derniers ne pourront, en aucun cas, déduire de leur part héréditaire, ni les legs, ni le prix des esclaves affranchis ni les dettes[1].

Si au lieu d'une femme *sui juris*, nous supposons une fille de famille, comme elle n'a pas de patrimoine, c'est sur sa dot seulement que l'on prélèvera les frais funéraires. A celui-là donc qui bénéficie de la dot, à solder les dépenses.

Enfin, dans le cas où la femme ne possédait point de dot, qu'elle soit fille de famille ou émancipée, c'était à son père ou à ses héritiers de supporter les charges des obsèques. On ne pouvait agir contre le mari qu'en cas d'insolvabilité du père et absence d'héritiers.

Telles sont les règles qui gouvernent l'action funéraire, donnée par le préteur à toute personne qui a fait l'avance des frais des obsèques ; mais, comme malgré cette garantie de remboursement, il pouvait arriver que, le défunt ne laissant ni parents, ni amis, personne ne se présentât pour lui rendre les

[1] L. 24, 25 et 26, *eod. tit.*

derniers devoirs, le magistrat dût encore intervenir. La coutume était, en ce cas, de charger un *designator* de l'organisation des obsèques[1]. On le payait, dit Ulpien, avec l'argent qui se trouvait dans la succession, et s'il n'y en avait pas, le préteur faisait procéder à la vente des objets qui se détériorent et dont la conservation est à la charge de l'hérédité ; en tout cas, on lui donnait l'action *funeraria*. Le rôle de ces *designatores*, ainsi que l'indique leur nom, était de présider aux convois, de disposer tout ce qui était nécessaire pour les obsèques et les jeux funèbres. C'étaient, suivant l'expression d'Ulpien, des gens d'honneur et de respect ; leur office réputé très-honorable et très-lucratif, était octroyé par le prince.

Mais devant l'intervention de ce *designator*, comme devant celle d'un *curator funeris* étranger à la famille du défunt, on peut se poser la question suivante, à savoir : si l'inhumation par eux faite donne au terrain le caractère de lieu religieux ? Nous avons vu qu'au nombre des conditions exigées pour qu'un lieu devienne religieux, il fallait nécessairement que celui qui procédait aux funérailles eût le droit de le faire : or, ce droit, en principe, n'appartient évidemment qu'à ceux-là mêmes, contre lesquels est donnée l'action funéraire, membre de la famille ou léga-

[1] L. 12, §. 6, D. XI, 7.

taires. Que conclure de là ? simplement qu'avant de procéder aux obsèques le *curator funeris*, étranger à la famille du défunt, devait adresser une demande au magistrat ; et que celui-ci, en faisant droit à sa requête, le traitait comme le représentant de l'héritier, et faisait passer, sur sa tête, tous les droits de ce dernier. Pour le *designator*, comme il était directement nommé par le préteur, il recevait,du même coup, la qualité nécessaire pour rendre religieux le lieu de l'inhumation.

Section IVe. — Cas dans lesquels un lieu cesse d'être religieux.

De l'occupation ennemie. — De l'inhumation.

Le caractère religieux affecté aux sépultures, sous les conditions que nous avons décrites plus haut, disparaissait dans deux cas : provisoirement, par une occupation ennemie ; définitivement par l'enlèvement des restes humains en vertu d'une autorisation des pontifes. Nous avons parlé des effets produits par la conquête, il nous reste quelques mots à dire sur l'exhumation et la translation des cadavres. Cette cérémonie ne pouvait se faire qu'après des sacrifices solennels et pendant la nuit : *solemnibus redditis sacrificiis, per noctem, in alium transferri locum, po-*

test, (*Paul. sent.* 1 : XXI, §. I). Par le déplacement du corps, en vertu d'une autorisation régulière, le lieu de la sépulture cessait d'être religieux, c'est là une distinction fondamentale, entre les choses *religiosæ* et les choses *sacræ*, car jamais la destruction d'un temple n'aurait suffi, pour rendre au terrain son caractère profane. Mettant de côté l'hypothèse où le corps n'a été déposé que provisoirement dans le tombeau, cas auquel, ainsi que nous l'avons vu, il est toujours licite de le transporter ailleurs ; et supposant que la sépulture a été faite d'une façon définitive, voyons quelles seront les circonstances dans lesquelles la translation du cadavre pourra être autorisée.

Primitivement, cette autorisation devait être fort rare, car les croyances des Romains sur la mort s'accommodaient mal, avec le trouble même fortuit, apporté aux sépulcres. Les cas de force majeure seuls pouvaient l'expliquer : *ob incursum fluminis, vel metum ruinæ* (*Paul. sent.* 1. XXI, §. I.) Plus tard, par suite des expéditions lointaines devenues de plus en plus fréquentes, par suite de la crainte superstitieuse des anciens, pour les sépultures hors de leur patrie, la faculté jadis exceptionnelle qu'avaient les pontifes d'autoriser l'exhumation et la translation des restes devint d'un usage plus fréquent. C'est ainsi que nous voyons Ovide (*Elegies* III, 3,) recommander à sa femme de faire rapporter ses ossements en Italie, afin qu'il ne soit pas dit qu'il fût exilé même après sa mort, et qu'une âme Romaine ne demeure pas toujours errante parmi des ombres sarmates.

Inter sarmaticas Romana vagabitur umbras,
Perque feros manes hospita semper erit.
Ossa tamen facito parva referantur in urna :
Sic ego non etiam mortuus exul ero.

DES SÉPULTURES

ET DE

LA LIBERTÉ DES FUNÉRAILLES

EN DROIT CIVIL

INTRODUCTION

> Chacun professe sa religion avec une égale liberté, et obtient pour son culte la même protection.
>
> (Charte de 1830, art. V.)

L'absence d'une formule précise, d'une règle invariable, occasionne en droit et en jurisprudence, comme en toutes choses, des fluctuations d'opinion, qui, suivant les temps et les gouvernement, font prévaloir des doctrines opposées, également excessives. C'est ainsi qu'en matière de funérailles et de sépultures, avant d'arriver au principe sainement entendu de la liberté de conscience, les partis, tour à tour dominants, se portèrent envers leurs adversaires aux excès les plus contraires et les plus tyranniques. Nous savons, qu'avant la révolution, alors que la religion catholique était en France dominante et exclusive, les ordonnances étaient d'accord avec les rituels pour priver de la sépulture ordinaire tous ceux qui par leurs opinions et leurs croyances se séparaient du seul culte reconnu. On ne pouvait les ensevelir qu'en vertu d'une ordonnance du juge royal, et dans des lieux écartés : encore fallait-il que le décédé n'eût à aucune époque de sa vie fait partie de la religion catholique. S'agissait-il d'un relaps, le procès était fait à sa mémoire, son cadavre traîné sur la claie et jeté à la voirie, ses biens et ceux de sa famille confisqués, (*déclaration de* 1686). Le but avoué du clergé, alors tout-puissant, était de pousser aux conversions et de contraindre les convertis à se conduire en bons catholiques, et à recevoir, de gré ou de force, les sacrements de l'Église. Sous Louis XV, on se relâcha un peu de ces rigueurs excessives, et alors on passa très-rapidement d'une extrémité à l'autre ; car au lieu que pendant le règne de Louis XIV, l'église contraignait les non-catholiques à recevoir le sacrements, elle fit dès lors des difficultés pour les leur administrer, tant qu'il y avait des doutes sur la sincérité de leur conversion, et condamna, par là, tous les protestants au concubinage, puisqu'il n'y avait alors d'autres mariages que le mariage devant ses autels. En même temps, elle refusait son concours et ses prières aux obsèques et funérailles de ceux qui avaient vécu hors de son sein. C'était son droit, incontestablement, car elle seule avait mission pour savoir et juger à qui elle devait accorder ou refuser ses sacrements. Cependant, on s'indigna alors, et comme on ne distinguait pas encore nettement la séparation profonde qui existe entre les institutions civiles et les institutions religieuses, on alla jusqu'à réclamer l'intervention des tribunaux, pour obtenir, par décision judiciaire, les cérémonies funèbres de l'église; et cependant la loi civile ne pouvait obliger un clergé à les célébrer, sans empiéter sur le pouvoir spirituel.

Aujourd'hui, l'autorité civile et l'autorité ecclésiastique ont chacune leurs attributions bien distinctes en matière de sépulture. Le maire et le curé, les représentants de ces deux pouvoirs, agissent dans des sphères absolument différentes, qui se touchent, sans se confondre. Toutefois, la séparation de la loi civile et de la loi religieuse, raison historique de la liberté de conscience, ne l'a pas isolée, pour nous, de ses périls et de ses orages. Car, au moment où ces deux grandes puissances se séparent, toutes les difficultés de leur indépendance réciproque se font sentir. Leurs pouvoirs, quoique distincts, se coudoient sans cesse, et l'on comprend que les inhumations deviennent fréquemment des sujets d'irritation et de scandale, et donnent lieu à des conflits, quand ils ne restent pas l'un et l'autre dans leur domaine strict.

Outre les difficultés naissant de ces rapports journaliers, de graves discussions s'élèvent encore à propos des funérailles, soit sur une exacte appréciation de la volonté d'un défunt, soit sur le droit de propriété et la nature particulière de sa sépulture. Nous aurons donc à rechercher, à l'aide des décisions de la jurisprudence et des principes du droit, quelles sont les solutions qui doivent prévaloir en ces sortes de matières ; et de quelle façon la loi civile a entendu assurer le respect et la protection des droits particuliers de ces deux êtres moraux désormais séparés, mais toujours en présence, l'État et l'Église.

CHAPITRE I

FORMALITÉS QUI PRÉCÈDENT LES FUNÉRAILLES

De la déclaration du décès. — Du permis d'inhumer. — Délai de vingt-quatre heures. — Défaut d'autorisation. — Mort-nés. — Morts violentes. — Vérification des décès.

La pensée des auteurs de la législation sur les sépultures se dégage nettement, quand on rapproche les différents projets élaborés par le conseil d'Etat en l'an XII. Ils se sont toujours fondés sur cette idée, qu'à l'Etat appartenait l'exercice absolu, la surveillance exclusive de tous les actes de la vie civile ; à l'Eglise la liberté complète dans le domaine spirituel : d'où, comme conséquence, incompétence radicale du premier en matière dogmatique, absence complète d'autorité de la part de la seconde en matière temporelle. Partant de là, ils ont donné la police des inhumations, le droit de prescrire toutes les mesures qu'elles pourraient susciter à l'autorité civile, qui, seule, a le droit de commander à tous, sans distinction de culte.

Au maire donc appartient tout ce qui a trait à la constatation du décès, aux précautions à prendre, soit contre les inhumations précipitées, soit dans l'intérêt de la salubrité publique, au mode de transport des corps, au contrôle des volontés du défunt sur la nature de ses funérailles, à la protection du convoi. Au curé est réservé ce qui regarde la direction des cérémonies, le droit d'accorder ou de refuser ses prières.

En ce qui concerne la constatation du décès, et les précautions nécessaires en vue d'éviter les inhumations trop promptes, l'art. 77 du Code Civil veut qu'aucune inhumation ne puisse être faite, sans une autorisation de l'officier de l'état civil, et avant qu'un délai de vingt-quatre heures ne se soit écoulé depuis le décès; excepté néanmoins, dans certaines circonstances où ce délai pourrait devenir funeste par suite de la contagion de la maladie ayant occasionné la mort.

Pareil délai existait déjà avant le Code Civil, dans les coutumes de France; mais aucun règlement ni ordonnance ne l'avait fixé d'une manière précise et générale, comme l'a fait le législateur dans une pensée de prévoyance toute naturelle. Mais, aujourd'hui encore, des contestations s'élèvent sur le point de savoir à partir de quel moment on doit faire courir ce délai de vingt-quatre heures. Si l'on s'en tient exactement au texte de la loi, le délai court de l'heure du décès : cependant, nous savons que dans la déclaration faite à l'officier de l'état civil et dans l'acte de décès par lui dressé, l'heure de la mort n'est pas indiquée ; admettre cette manière de voir, ce serait donc laisser à l'initiative des particuliers, et partant, des intéressés, la fixation du moment où l'on pourra légalement procéder à l'inhumation. Or, on peut craindre qu'il n'y ait là un danger, si l'on réfléchit que parfois, la principale préoccupation, de ceux qui entourent le défunt, est de se débarrasser du cadavre au plus vite ; soit, comme il arrive dans les grandes villes, par suite de l'exiguité du logement, soit même pour faciliter au crime les moyens d'échapper aux regards de la justice. Nous préférons donc, puisque la loi ne distingue pas entre le décès *déclaré* et le décès *survenu*, prendre, comme point de départ des vingt-quatre heures, la déclaration faite à l'officier de l'état civil : d'autant plus que ce délai est un minimum qui, sans danger, peut être prolongé de quelques heures. C'est, au reste, la doctrine adoptée le plus généralement et suivie à Paris.

Ce délai est un minimum, disions nous ; le maire pourra donc le prolonger, s'il le juge à propos. Il y sera même contraint, lorsqu'il y aura des signes et indices de mort violente, car alors (*art.* 81.*c. c.*) il ne doit permettre l'inhumation qu'après qu'un officier de police, assisté d'un docteur en médecine, aura dressé procès-verbal de l'état du cadavre, et des circonstances y relatives. La loi a vu là un moyen de prévenir le crime, ou tout au moins d'en assurer la constatation et le châtiment. On comprend, dès lors, toute l'importance que prend l'article 358 du Code Pénal, frappant tous ceux qui, sans autorisation préalable du maire, auraient fait inhumer un individu décédé, d'un emprisonnement de six jours à deux mois et d'une amende de 16 à 50 francs, sans préjudice de la poursuite des crimes dont les auteurs de ce délit pourraient être prévenus. Notons que cet article ne vise et ne punit que des contraventions matérielles, sans qu'en aucun cas, la bonne foi du prévenu puisse être invoquée comme excuse.

On s'est demandé, à ce sujet, si les prêtres et pasteurs qui procèdent à la levée du corps et à la cérémonie religieuse, sans qu'il soit justifié de l'autorisation de l'officier de l'état civil, étaient passibles de peines portées par l'article 358 ? Le décret du 4 thermidor an XIII les comprend bien dans son énumération : « *Il est défendu... à tous curés,* « *desservants et pasteurs, d'aller lever aucun corps et* « *de l'accompagner hors des églises et temples, qu'il ne* « *leur apparaisse de l'autorisation donnée par l'officier* « *de l'Etat civil pour l'inhumation, à peine d'être* « *poursuivis comme contrevenants aux lois.* » Toutefois, ces dispositions n'ayant été sanctionnées par aucune loi, et la lettre de l'article 358 ne punissant que ceux qui ont fait inhumer, c'est-à-dire, ceux qui ont pris les dispositions nécessaires pour l'inhumation, il a été jugé [1], que notre article ne pouvait pas s'appliquer aux membres du clergé, qui ne font que donner au mort le concours de leur ministère : Néanmoins, la levée d'un corps, faite par un prêtre, sans permission de l'autorité municipale, constituant une contravention à la police des sépultures, est passible des peines de simple police et donne lieu à un cas d'abus. Mais, pourra-t-on porter la plainte contre l'ecclésiastique, directement devant les tribunaux judiciaires ou faudra-t-il, au préalable, recourir à l'appel comme d'abus et attendre la décision du conseil d'Etat. Après bien des hésitations et des tâtonnements, la jurisprudence et la doctrine [2] sont

[1] Arrêt de la Cour de Cass. du 27 janv. 1832.

[2] Avis du Conseil d'État, 17 mars 1882. — M. Laferrière à son cours.

aujourd'hui d'accord, et estiment que les deux poursuites peuvent se cumuler, et qu'il n'y a aucune raison, pour subordonner l'action pénale à l'action disciplinaire.

Relativement à ce même article 358, une question non moins importante a été soulevée, à propos des enfants mort-nés. Des doutes se sont élevés sur le point de savoir si l'autorisation d'inhumer devait être demandée pour eux. La loi,a-t-on dit, ne parlant que d'individus décédés ne peut s'appliquer à l'enfant dont la vie s'est éteinte en naissant, ou avant de naître. Soumettre l'inhumation de cet enfant aux lois des décès, ce serait implicitement dire qu'il a eu vie, et jeter le trouble dans les successions [1].

Un décret du 4 juillet 1806 prescrit les dispositions suivantes : « *Lorsque le cadavre d'un enfant dont la* « *naissance n'a pas été enregistrée sera présenté à l'offi-* « *cier de l'état civil, cet officier n'exprimera pas que cet* « *enfant est décedé, mais seulement qu'il lui a été présenté* « *sans vie... Cet acte sera inscrit, à sa date, sur les regis-* « *tres de décès, saus qu'il en résulte aucun préjugé sur* « *la question de savoir si l'enfant a eu vie ou non.* » Ce texte indique bien le rôle de l'officier de l'état civil en pareil cas ; mais ne tranche pas la difficulté. Seuls, les principes du droit et les décisions de la ju-

[1] Chauveau et Hélie, t. VI.

risprudence nous aideront à résoudre la question. Si l'enfant mort-né est arrivé au terme de viabilité, nulle difficulté, on doit le considérer comme un individu décédé ; tous les arrêts sont d'accord sur ce point[1]. Mais que décider, si l'enfant n'est pas venu à terme ? Suivant une première doctrine, professée par MM. Chauveau et Hélie, il faut faire une distinction entre l'accouchement et l'avortement : car on ne saurait, disent ces savants auteurs, donner le nom d'enfant au fœtus qui n'a pas encore l'organisation nécessaire pour exister : d'où la conséquence qu'il n'y aurait aucun délit à l'enterrer sans autorisation et avant le délai de 24 heures. Cette doctrine, adoptée jusqu'en 1874 par la jurisprudence, offrait, selon nous, de grands inconvénients. En effet, la question de savoir si en cas d'avortement il y a eu un enfant, si le fœtus avait vie ou non, ne nous paraît pas devoir être laissée à l'appréciation de ceux qui sont le moins aptes à la résoudre, et dont le témoignage dans certains cas semblerait suspect, c'est-à-dire au père et à la mère. D'un autre côté, exiger la déclaration à la mairie de toute fausse-couche, de tout produit évidemment non viable, serait bien souvent rigoureux et pénible. Aussi la Cour de Cassation désirant trancher la question et assurer le respect de

[1] Nancy, 17 sept. 1839. — Metz, 24 août 1854.

tous les droits et intérêts qui se rattachent à la question de viabilité, a-t-elle pris un criterium dans l'art. 312 du Code Civil. La loi ayant établi que la plus courte gestation était de cent quatre-vingts jours, on doit, dit l'arrêt du 7 août 1874, regarder comme formé l'enfant arrivé à ce terme et exiger pour lui une inhumation régulière. Au contraire, l'être, qui vient au monde avant les six mois, ne constitue pas un enfant et son ensevelissement peut se faire sans aucune formalité. Tel est l'état actuel de la jurisprudence qui nous semble le mieux sauvegarder tous les intérêts et concilier tous les scrupules.

De tout ce qui précède, il résulte que la loi a toujours eu en vue, non seulement de faire connaître les changements qui arrivent dans les familles et de mettre les héritiers à même de réclamer leurs droits; mais encore de ne pas laisser échapper la trace des crimes qui auraient pu occasionner la mort et d'éviter les inhumations trop hâtives. C'est toujours dans ce but, que l'art. 77, outre les prescriptions que nous avons déjà énumérées, exige encore qu'avant de délivrer l'autorisation de procéder aux funérailles, l'officier de l'état civil se transporte auprès du défunt, pour s'assurer du décès. On sait qu'en fait, presque partout, le maire se fait assister ou plutôt suppléer par une personne de l'art. Cette assistance, dont ne parle pas la loi, est assurément dans son esprit et à ce titre elle a été prescrite par des règlements de police ; mais aucun texte, aucun règlement n'a jamais autorisé le maire à se faire suppléer. Il y a là une tolérance qui, dans les grandes villes, s'explique et s'impose ; mais qui, sans raison d'être suffisante dans les campagnes, y donne lieu à de graves abus : car, presque toujours, les officiers de l'état-civil des petites communes s'en rapportent entièrement au dire des déclarants. La prévoyance de la loi se trouve ainsi déroutée : voulant éviter l'ensevelissement de personnes qui se trouvent seulement en état de catalepsie, ensevelissement qui, selon les personnes de l'art, a malheureusement lieu plus fréquemment qu'on ne le pense, et désirant que la police soit informée s'il existait des traces de mort violente, elle a confié la constatation des décès à son représentant dans la commune, se déchargeant sur lui de prendre toutes les mesures et les précautions nécessaires. Si l'art. 77, pris à la lettre, est inexécutable, qu'on le remplace, ou qu'un décret d'intérêt général vienne en compléter les dispositions, en appliquant, par exemple, à toutes les communes de France, un système de vérification des décès, analogue à celui de la ville de Paris[1]. Deux circulaires, l'une du 2 septembre 1863,

[1] A Paris, la constatation des décès est confiée à des médecins

l'autre du 24 décembre 1866, rédigées en ce sens, avaient été adressées par le ministre de l'intérieur aux préfets. « Le maire de chaque commune, y li- « sons-nous, fera choix d'un ou de plusieurs docteurs « en médecine, ou en chirurgie, et à leur défaut, d'of- « ficiers de santé, qui seront chargés de constater les « décès, dont la déclaration aura été faite à la mai- « rie, conformément aux prescriptions de la loi. Ces « médecins seront assermentés. » Malheureusement, ces circulaires ne sont pas rigoureusement observées, et aujourd'hui encore, il n'existe absolument aucune vérification des décès dans les petites communes et dans les campagnes. C'est là une situation regrettable, qu'il importe au législateur de combler.

pris exclusivement parmi ceux qui exercent près les bureaux de bienfaisance. Sur la liste de ces médecins, arrêtée par le préfet de la Seine, le maire de chaque arrondissement dresse le tableau de ceux qui sont attachés à sa circonscription et désigne, dans l'ordre d'ancienneté, un médecin et un chirurgien qui seront chargés de la vérification des décès. A la mort de tout individu le maire, prévenu par les proches parents ou amis du défunt, adresse un mandat de visite à l'un de ces médecins. Celui-ci se rend au domicile indiqué et constate la mort. Il rédige alors et signe un certificat en double expédition, qui devra être remis à la mairie.

En outre, il a été constitué six médecins inspecteurs-vérificateurs chargés de procéder à une nouvelle constatation des décès, toutes les fois qu'ils en sont requis, ou qu'ils le jugent à propos.

Notons, en terminant, que la constatation du décès, par l'officier de l'état civil en personne, est obligatoire en un cas, quand la mort est survenue par accident dans une exploitation.

« *Il est expressément prescrit aux maires et autres of-* « *ficiers de police de se faire présenter les corps des ou-* « *vriers qui auraient péri, par accident, dans une ex-* « *ploitation, et de ne permettre leur inhumation qu'a-* « *près que le procès-verbal de l'accident aura été dressé* « *conformément à l'art.* 81 *du Code Civil, et sous les* « *peines portées dans les art.* 358 *et* 359 *du Code Pé-* « *nal.* » (Loi du 3 janv. 1813 sur l'exploitation des mines).

Des règlements de police prescrivent que, jusqu'à la visite de l'autorité, les personnes chargées de veiller sur le défunt ou présumé tel, doivent s'abstenir de tous actes de nature à occasionner la mort s'il y avait seulement léthargie.

CHAPITRE II

DES FUNÉRAILLES

A qui il appartient de les régler.

Lorsque le permis d'inhumer a été délivré, et que le temps voulu par la loi est expiré, rien ne s'oppose à ce qu'il soit procédé à l'ensevelissement, par les parents ou amis du défunt. C'est à la famille à donner tous les ordres nécessaires concernant le convoi, la question du service religieux et celle de la dépense ; mais, ni le Code, ni la loi de germinal au XII, ni les décrets du 18 août 1811 et 14 juillet 1832 concernant le service des inhumations à Paris, ne prévoient ni ne fixent à quels parents incombe le devoir et le droit de décider au nom de la famille. Le législateur ne songeait pas, alors, que des conflits pouvaient s'élever sur ces questions, entre ceux que devrait unir une douleur commune : dans sa pensée, la famille veillerait toujours à ce que ses morts fussent enterrés conformément aux intentions par eux manifestées.

Quel motif aurait-il eu d'en douter ? quelle raison eût pu lui faire prévoir qu'au cas où le défunt n'aurait pas clairement fait connaître sa volonté, des tristes luttes s'élèveraient autour de son cercueil. C'est cependant ce qui se présente fréquemment de nos jours, où les passions politiques et religieuses viennent se heurter jusqu'au chevet des mourants, soit pour leur arracher l'aveu d'une croyance qu'ils ne partagent pas, soit pour faire servir leurs dépouilles à des manifestations extérieures.

Dans le silence de la loi, nous aurons donc à examiner successivement, le cas où le défunt a manifesté ses intentions sur le caractère à donner à ses obsèques et à rechercher,alors, quels actes sont suffisants, quels actes sont nécessaires pour cette manifestation ; puis, dans le cas où rien n'indiquerait quelles ont été les dernières volontés du mourant, à qui, de ses proches et de ses héritiers, appartient de décider.

Section I. — De la volonté du défunt.

De la liberté de conscience. — Du mineur de seize ans. — De l'engagement pris pendant la vie.

La volonté du défunt doit avant tout servir de règle ; « car s'il y a quelque chose de sacré parmi les « hommes, c'est la volonté des mourants. Cette pen- « sée suprême inspire la piété et commande le res- « pect. La prière d'un mourant est un ordre, son or- « dre est une loi [1]. » Tout homme, tout majeur au moins, est donc le maître absolu de déterminer comment auront lieu le convoi et l'enterrement de son cadavre. C'est là un droit que personne ne conteste, car il découle directement de deux principes irrécusables : la liberté de conscience, l'égalité des citoyens devant la loi ! Ce droit si légitime est, à tel point, passé dans nos mœurs, que les règlements militaires fléchissent, lorsqu'il s'agit des obsèques d'un chef, devant sa volonté d'être inhumé sans la pompe officielle [2]. Si donc un individu déclare se séparer des pratiques religieuses de ses concitoyens ; si aucun des cultes reconnus par l'État ne le satisfait, nul doute qu'il n'ait le droit d'en écarter, à l'heure de ses

[1] Troplong, Traité des donat. et des test. n° 23.

[2] Officiel. Sénat, 24 février, 66.

funérailles, les cérémonies illusoires et vaines selon lui. La liberté de conscience proclamée par la révolution de 89 ne serait, en effet, qu'un mot vide de sens, si elle ne comportait pas la possibilité de manifester extérieurement sa croyance. Dire que la conscience est libre ne peut signifier qu'une chose, à savoir que nous sommes libres de faire entendre au dehors le cri de cette conscience. Respect donc pour celui qui se soumet à une religion quelle qu'elle soit, et aux pratiques d'un culte quelconque ; mais respect aussi pour celui qui se refuse à croire et à pratiquer. La liberté de penser qui a grandi avec la société moderne et avec l'esprit d'égalité, est aujourd'hui un de nos besoins les plus impérieux ; et il est indispensable que l'homme soit libre de rester étranger aux cérémonies d'un culte s'il n'a pas la foi : mieux vaut l'incrédulité franche et sincère, que l'hypocrisie. N'est-ce pas d'ailleurs faire preuve de respect pour les pratiques religieuses que de ne point les imposer au cadavre de celui qui, pendant sa vie, les a sans cesse repoussées. Les accepter pour soi, dans cette situation, ce serait les faire servir au mensonge, à une indigne comédie ; et les membres d'une Église qui craignent que ce régime de liberté ne soit funeste à leur religion, n'ont pas de cette religion une bien haute idée, puisqu'ils pensent qu'elle ne peut exister qu'à la condition d'être soutenue et protégée par l'État. A quel titre, du reste, l'autorité civile viendrait-elle, soit favoriser un culte, soit contraindre à faire un choix entre les quatre cultes reconnus par elle. De quelque manière qu'un gouvernement intervienne dans ce qui a rapport à la religion, il fait du mal, a dit Benjamin Constant[1]; il fait du mal, s'il intervient autrement que pour maintenir le droit de chacun et empêcher que l'ordre public ne soit troublé. En tant qu'État, il admettra donc indistinctement tous les cultes, et veillera à ce que leurs partisans n'attentent jamais à la liberté ni au droit des citoyens; car quelle que soit leur majorité, les sectateurs d'une croyance ne peuvent avoir le droit d'opprimer les adhérents à une autre croyance. Or, la conséquence nécessaire de la liberté des cultes, c'est la faculté de n'en suivre aucun; placés au milieu des diverses religions, les citoyens sont et doivent toujours rester libres de se tenir en dehors des sanctuaires.

Ces principes étant admis, nul ne peut voir dans ce que l'on est convenu d'appeler un enterrement civil, ni délit, ni infraction d'aucun genre. Un homme a toujours le droit de déclarer qu'il ne veut point que son cadavre soit associé aux manifestations

[1] Principes de politique, p. 266.

du culte qu'il n'a pas suivi pendant le cours de son existence : propriétaire de son corps, il en peut disposer comme il l'entend. Il est bien entendu que cette disposition étant pour lui l'exercice d'un droit, il n'aura la faculté d'en user, qu'autant qu'il jouira de la capacité nécessaire pour prendre des dispositions exécutoires après sa mort : les interdits et les mineurs ne sauraient donc réclamer pareil privilège, nous verrons plus loin à qui il appartient de décider en leur nom. Toutefois, nous savons que la loi (*art.* 904 *Code Civil*) reconnaît au mineur de seize ans la faculté de disposer par testament d'une partie de son patrimoine ; qu'elle n'hésite pas, en outre, confiante en la maturité de sa raison et de sa volonté, à lui attribuer une responsabilité absolue de ses actes, responsabilité telle, qu'elle peut lui faire encourir la peine capitale. Il semblait donc difficile, en présence de pareilles dispositions, de contester à ce mineur le droit de régler le caractère civil ou religieux de ses funérailles. On l'a fait cependant, en se fondant sur ce principe de la puissance paternelle que la faculté limitée de tester, accordée au mineur de seize ans, ne détruisait pas. Malgré ce droit que lui donne l'art. 904, il est et reste incapable au même titre et à bien plus forte raison encore que le mineur émancipé, puisque ce dernier ne peut faire que des actes d'administration, et que s'il dépasse les limites qui lui sont tracées par la loi, ses père et mère peuvent lui retirer l'émancipation qu'ils lui avaient accordée et le faire retomber sous leur tutelle; preuve, disait-on, que la puissance paternelle existe encore. Mais ce droit des père et mère ne peut, en aucun cas, aller jusqu'à retirer à l'enfant la faculté que lui accorde l'art. 904 ; et si l'autorité paternelle doit s'incliner devant la volonté de l'enfant, quand il s'agit de la disposition de sa fortune, comment ne fléchirait-elle pas quand il s'agit de la disposition de son corps, qui, de tous ses biens, est celui que le défunt possédait le plus directement. Que l'on songe, en outre, à quelle étrange inconséquence on viendrait se heurter, en repoussant ces principes, puisqu'en vertu de l'art. 476, le mineur est émancipé de plein droit par le mariage, sans qu'ici ses père et mère puissent lui retirer jamais le bénéfice de l'émancipation ; qu'incontestablement il a le droit de régler les funérailles de ses enfants, et que ce même droit lui serait refusé pour ses propres obsèques. En présence de ce qu'une pareille situation aurait de contradictoire, nous sommes donc autorisés à dire que la volonté du défunt, qu'il s'agisse d'un mineur de seize ans ou d'un majeur, doit également être respectée, pourvu que cette volonté ait été suffisamment manifestée.

Libre donc, à tout individu, de prendre pour le règlement de ses funérailles, les mesures qu'il juge convenables; libre à lui de persister dans sa volonté; mais libre aussi, à lui, de se rétracter. Qu'il persiste ou qu'il change, la loi lui assure toute liberté.

Ce droit d'exprimer une volonté contraire à celle qu'on avait d'abord manifestée, ne semble pas contestable, et cependant, on a prétendu que l'engagement pris par un individu de vivre ou de mourir avec telles ou telles croyances, ou hors de toute religion, le liait irrévocablement envers ses co-engagés; que ceux-ci pouvaient en réclamer l'exécution, ou exiger une indemnité en cas contraire. Quant à nous, nous croyons qu'une pareille convention est radicalement nulle, car la liberté ne peut faire l'objet d'aucun pacte, d'aucune stipulation. (*art.* 6 *et* 1172 *Code Civil.*) « Il « est hors de doute, dit un savant professeur de la « faculté de Toulouse, M. Gustave Bressolles[2], que le « souscripteur de cet engagement n'est nullement lié « par de pareilles promesses, et que celui ou ceux, « entre les mains desquels se trouve cet écrit, n'ont « aucun droit à en réclamer l'exécution, et, dès lors, « aucune indemnité pécuniaire, fût-elle fixée d'avance, « à exiger pour inexécution. L'objet d'une telle pro-

[1] Consultation sur les sépultures solidaires. — *Journal le Monde*, 20 sept. 1872.

« messe est de ceux qui ne peuvent faire l'objet d'une « convention (*art.* 1128 *Code Civil*) et nul ne peut « prétendre avoir un intérêt, appréciable par les tri- « bunaux, à l'exécution d'une telle obligation. » Nul ne peut renoncer à sa liberté, car nul ne peut s'engager à vie (*art.* 1780[1].) C'est en vertu de ces principes, que chacun est absolument libre de rompre un engagement précédemment pris par lui ; et c'est précisément pour assurer cette liberté, que la loi a jugé nécessaire d'entourer de certaines formalités et de certaines garanties l'expression des dernières volontés du disposant.

Il nous reste donc à voir quelles sont ces prescriptions de la loi, exigées pour que la volonté du défunt soit réputée clairement manifestée, et devienne, par là, obligatoire envers et contre tous.

Section II. — Formes dans lesquelles doit se manifester cette volonté.

Du testament. — Des dispositions de biens fictives. — Déclaration en forme testamentaire. — Du mandat. — De l'exécuteur testamentaire.

Nous avons dit que la faculté de disposer de son corps était de même ordre et de même nature, que

[1] Voyez Dalloz, Obligation, 604.

la faculté de disposer de ses biens : or, l'homme ne commande encore après sa mort, sur la dévolution de sa fortune, que dans la forme testamentaire.

Le testament est donc le moyen légal par lequel tout individu capable (*art.* 902 *c. c,*) peut manifester, à ses héritiers, sa volonté, à l'endroit de ses obsèques : le code posant la capacité comme règle générale, la femme pourra se prononcer en cette matière, sans l'autorisation de son mari ; le mineur de seize ans, comme nous l'avons vu, et l'interdit pendant ses intervalles lucides, jouiront de la même faculté. Il est incontestable, en effet, que l'acte qui suffit pour disposer d'une fortune, d'une hérédité, est au moins suffisant pour régler les conditions relatives aux funérailles. Car, qui, plus que le *de cujus*, serait apte à régler ces questions, si éminemment délicates ? A qui, plus qu'à lui, s'en rapporterait-on ? Aussi, tout homme qui ne se confiera pas aux siens du soin de procéder à ses obsèques, pourra-t-il les règler lui-même et sans contestation possible, s'il a soin d'exprimer sa volonté dans un testament réunissant toutes les conditions voulues par l'art. 970 du Code Civil.

Ces conditions sont d'ailleurs des plus simples, en ce qui touche le testament olographe. Nul doute, par exemple, qu'une simple note, une lettre adressée à un tiers, datée et signée du disposant, et renfermant des dispositions à cause de mort, ne soient de véritables testaments. Mais que décider, d'une déclaration écrite par le défunt, sur la forme à donner à ses obsèques et qui ne contiendrait aucune disposition de biens? Nous savons qu'un écrit ne peut être considéré comme testament, qu'autant que son auteur a, en le rédigeant, entendu disposer de ses biens, pour le temps où il ne sera plus. Que dire donc, d'une disposition ainsi conçue : « Ceci est mon testament : je veux que mes funérailles aient lieu de telle et telle manière. » Pareille déclaration, même écrite et signée du défunt, peut ne pas être regardée comme un testament régulier, car elle ne contient aucune disposition de biens. Cependant elle nous paraît suffisante pour déterminer le caractère que le *de cujus* aura voulu imprimer à ses obsèques ; et cette volonté, suffisamment connue et prouvée, doit être respectée, sans qu'il soit nécessaire d'obliger son auteur à recourir à une sorte de disposition de biens fictive : d'autant qu'il pourrait se trouver fort embarrassé, s'il ne possédait rien en propre. Bien plus, il nous paraîtrait contradictoire de refuser à une semblable déclaration le caractère obligatoire sur la forme à donner aux obsèques, puisque, sans contestation possible, elle serait pleinement suffisante pour révoquer une déclaration précédente et contraire ; car la jurisprudence a, depuis longtemps admis que l'acte, écrit, daté et signé du testateur, et ne contenant que la révocation d'un précédent testament, sans renfermer lui-même de nouvelles dispositions, est parfaitement légal, et vaut comme révocation[1]. Cet écrit, si modeste qu'il soit, réunissant toutes les garanties dont la loi a jugé bon d'entourer le testament, n'est, à proprement parler, qu'un testament spécial : il rentre donc dans notre principe général, à savoir, que la volonté du défunt, en ce qui concerne le caractère de son enterrement, comme en ce qui concerne la distribution de sa fortune, doit, pour être respectée après sa mort, être formulée dans les conditions d'une égale certitude.

Est-ce à dire que la volonté dernière d'un défunt, relativement au règlement de ses funérailles, doive nécessairement se traduire et s'exprimer en ces formes testamentaires, pour lui assurer toute efficacité, et contraindre une famille récalcitrante ? Dans l'état actuel de la loi, nous n'hésitons pas à répondre : oui, sans aucun doute ; et nous repoussons, avec une jurisprudence constante, la prétention de ceux qui ont soutenu, que l'engagement, que le contrat, même passé devant notaire et signé du défunt, donnait droit au porteur de cet acte d'intervenir à la

[1] V. Duranton : Cours de droit franç., t. 9, n° 431.

mort du signataire, et fort de cet écrit, de s'emparer de son cadavre malgré la volonté de sa famille. Il est de principe incontestable, en effet, que nul ne peut agir en justice, s'il n'a un intérêt appréciable par les tribunaux ; or, quel intérêt le porteur d'un pareil acte pourrait-il faire valoir? Aucun ! Le respect de la volonté du défunt, dira-t-on. Mais le défunt n'avait qu'à se conformer aux exigences de la loi, et si le Code permet au testateur, qui fait un testament mystique, de se borner à signer des dispositions écrites par un autre, ce n'est qu'en entourant cette faculté de conditions expresses qui en garantissent l'authenticité. Nul ne pourrait, en pareil cas, argumenter de la volonté du défunt, car c'est précisément dans le but d'empêcher que cette volonté ne soit surprise, ou faussement interprétée, que la loi exige toutes les formalités auxquelles nous venons de faire allusion. Comment soutenir qu'une simple signature, au bas d'une déclaration qui ne serait, peut-être, qu'une formule toute faite, vaille comme manifestation suffisante d'une volonté dernière. Jamais une pareille déclaration ne porterait un caractère d'authenticité bien réelle ; et l'accepter, ce serait, bien souvent, permettre à des tiers, de se substituer au déclarant, de rédiger l'acte, non plus en conformité de sa volonté, mais de la leur. Tels sont les motifs pour lesquels nous pensons, qu'admettre une pareille innovation, sans plus de garanties, serait ouvrir carrière aux plus regrettables abus, et offrirait plus de dangers que d'avantages.

Une autre objection a encore été soulevée, en faveur de ces déclarations : le porteur de l'écrit, a-t-on dit, n'est-il pas un mandataire? de quel droit alors, l'empêchera-t-on d'exécuter ce qui est son devoir et son droit, je veux dire son mandat? Nous repoussons également cette interprétation inacceptable en droit, car le mandat est un contrat qui suppose concours et adhésion de deux volontés persistantes et dans le même temps. On ne peut charger un mandataire d'exécuter une chose à une époque où on aura soi-même cessé de vivre ; le mandat ne se soutenant que par la persistance de volonté du mandant, et finissant avec la vie de celui-ci (*art.* 2003 *C. Civ.*) précisément parce que la loi exige toujours le concours de deux volontés.

Soit, dira-t-on, mais il ne s'agit pas ici du mandat ordinaire. La déclaration dont nous nous occupons est un mandat *sui generis* qui, par son objet et sa nature, échappe aux règles générales. Par son objet il ne peut s'appliquer qu'après la vie du mandant ; par sa nature, il n'est avant la mort de celui-ci qu'à l'état de projet, puisqu'il est toujours révocable. Dans ces conditions, ajoute-t-on, on ne peut dire que la mort du mandant mette fin au mandat, puisque c'est cette mort même, qui lui donne naissance[1].

Tout cela est parfaitement exact; mais loin d'y voir une objection contre notre système, nous n'y trouvons qu'un nouvel argument à son appui; car la définition de ce contrat soi disant *sui generis* n'est autre que celle qui convient au mandat de l'exécuteur testamentaire. Or, nous savons que la loi, bien formelle sur ce point, déclare que la nomination d'un exécuteur testamentaire ne peut être faite que par testament; et le porteur de la déclaration qui nous occupe ne peut aucunement prétendre à ce titre.

Nous sommes ainsi amenés à nous demander, quelles sont, en matière de funérailles, les pouvoirs d'un exécuteur testamentaire, en le supposant, bien entendu, nommé avec toutes les formalités et les garanties exigées par la loi. Nous savons que cette fonction n'est reconnue et réglementée par le Code (*art.* 1025) qu'en prévision des dispositions de biens ou des legs contenus dans le testament, et dans le but d'en assurer l'exécution fidèle et complète. Si donc le disposant n'a point parlé de ses obsèques et du carac-

[1] V. Duranton, t. XVIII, n° 284. —Troplong, Du mandat, n° 728. — Pothier, n° 168. — Zachariæ, 3, 134.

tère à leur donner, l'exécuteur testamentaire n'a aucun titre pour s'opposer à la volonté des parents ; car il ne tient ses pouvoirs que du testament, et, dans l'espèce, le testament est muet sur ce point. On retombe alors sous l'empire du décret sur les sépultures, qui donne en ce cas, la direction des funérailles à la famille.

Est-ce à dire que la forme des obsèques devra être indiquée et décrite expressément dans le testament, pour que l'exécuteur testamentaire ait le droit d'intervenir ? Nullement ! Le fait seul d'avoir désigné son exécuteur testamentaire, pour présider et diriger les obsèques, indique suffisamment, chez le défunt, la volonté de s'en rapporter exclusivement à celui à qui il a confié la dévolution de sa fortune ; et montre bien la défiance qu'il témoigne à sa famille et contre laquelle il prend ses précautions. Cette manière de voir a été admise par la jurisprudence, et notamment par une ordonnance du président du tribunal civil d'Auxerre, rendue le 29 juillet 1881, et ainsi conçue : «... Quelque obscur que soit le testament... sur les formalités qui doivent présider à l'inhumation du disposant, cet acte acquiert une signification claire et précise en tant qu'il élève, en opposition au droit de la famille, un droit rival et supérieur ; droit puisé par le sieur G. dans sa qualité d'exécuteur testamentaire, investi, suivant les termes du testament, de la pleine confiance du défunt...[1] »

Ajoutons, en terminant, que le droit de l'exécuteur testamentaire, suffisamment désigné, et nommé selon les exigences de la loi, ne peut en aucune façon être amoindri, comme on l'a soutenu, par ce fait, qu'il appartiendrait à une société créée en vue de favoriser l'extension de la libre pensée, et de protéger la volonté de ses adhérents. Muni de son titre régulier, il pourra présider aux obsèques et les diriger comme bon lui semblera, malgré la famille, malgré peut-être même les derniers et secrets désirs du *de cujus* ; car s'il n'y a pas d'acte révocatoire en bonne forme, la nomination faite par le défunt, de son exécuteur testamentaire, reste l'expression légale de sa volonté.

Sans doute, cette hypothèse se présentera rarement ; car le disposant pourra, presque toujours, annuler un testament qui n'est plus en conformité de ses intentions nouvelles. Ceci nous met en présence de cette grave question de la révocation du testament, de possibilité pour le testateur, de revenir sur des dispositions précédemment prises par lui : question qui a soulevé de vifs débats, à la Chambre des

[1] Contrà, Paris, 19 août 1881. Sirey, 1882, 2, 245.

députés et au Sénat, lors de la discussion de la loi sur les funérailles, présentée par M. Chevandier [1].

Section III. — Révocation de cette volonté.

Révocation expresse. — Révocation tacite.

Il est de l'essence du testament, que le testateur puisse le révoquer jusqu'au jour de son décès (*art.* 895, *C. Civ.)*. Cet acte est, en effet, considéré comme l'expression de notre volonté ; or, la volonté de l'homme est changeante, et ce changement doit pouvoir se manifester librement. Souvent il arrive que le testateur regrette, à son lit de mort, les dispositions jadis prises par lui, alors qu'il n'avait peut-être pas une indépendance parfaite. C'est en vertu de ce principe, qu'on doit toujours considérer comme nulle et non écrite, toute clause qui tendrait à interdire au disposant, l'exercice de ce droit de révocation.

Or, la révocation peut être expresse ou tacite : expresse, quand il y a un écrit ou une déclaration contraire faite devant notaire ; tacite, quand il y a impossibilité de concilier le maintien du testament, ou de la disposition testamentaire, avec des actes, des faits accomplis postérieurement par son auteur. Ap-

[1] Voyez *Officiel* — débats parlementaires (Chambre) — annexe n° 332 et 598 — 7 mai 1882 — Sénat 11 mai, 13 et 15 juin 1883.

pliquons ces principes à notre matière : aucune difficulté, dans le cas d'une révocation expresse ; la volonté, les croyances du disposant ont pu se modifier, et si, avant de mourir, il a manifesté une volonté contraire, c'est cette volonté dernière qui devra être exécutée.

Mais, *quid* en cas de révocation tacite ? Quand pourra-t-on dire, qu'il résulte de faits postérieurs au testament, la preuve d'une intention suffisante, de révoquer la disposition testamentaire concernant les funérailles ? La loi est muette sur ce point : cherchons donc dans les principes, par elle tracés, à propos de la révocation des legs, quelles seront les règles à appliquer au cas qui nous occupe.

Le Code Civil ramène, à trois catégories, les faits emportant révocation tacite d'une disposition testamentaire :

1° Quand il y a des dispositions nouvelles, incompatibles avec celles déjà existantes.

2° Quand il y a eu aliénation des objets légués.

3° Enfin quand il y a destruction partielle ou totale du testament.

La pensée du législateur a toujours été de soumettre la révocation à la démonstration d'une impossibilité, sinon matérielle, au moins morale, de concilier les dispositions testamentaires avec la conduite du testateur. En un mot, il faut prouver son changement de volonté, pour annuler la disposition écrite qui donne lieu à difficulté ; et la preuve de ce changement incombe tout naturellement à ceux qui l'invoquent. Lors donc qu'il résultera, de faits ou d'actes incontestables, que l'exécution d'une disposition testamentaire, concernant les funérailles, est inconciliable avec la volonté certaine d'un testateur en pleine possession de ses facultés, cette disposition sera regardée comme tacitement révoquée. Ainsi, nous n'hésiterions pas à dire, qu'un individu qui, par testament, aurait manifesté la volonté formelle d'être enterré civilement, et qui, plus tard, se serait fait prêtre, ou encore, aurait fait construire une église, dans laquelle il aurait fait dresser son tombeau, aurait implicitement révoqué ses dispositions premières, et suffisamment manifesté sa volonté, de repousser les obsèques civiles, autrefois voulues. Ceci est également vrai, et de ceux qui, après avoir pris des dispositions pour des funérailles civiles, les révoqueront implicitement, en manifestant sans conteste, leur retour à des croyances religieuses ; et de ceux qui, après avoir fait une déclaration religieuse, manifesteront leur répudiation de toute croyance et de tout culte.

Mais faut-il considérer la demande ou la réception

des derniers sacrements, comme comportant de droit révocation tacite de la clause testamentaire, exigeant un enterrement civil ? Nullement, ce serait là une présomption légale, et cette présomption n'existe pas dans la loi. Peut-être, il est vrai, y aura-t-il, dans cette circonstance, un point de départ qui permettra au juge du fait, d'apprécier dans quelles conditions et dans quelles circonstances se sont produits les faits dont on veut induire la révocation d'un acte qui, jusqu'à preuve contraire, restera l'expression légale de la dernière volonté du défunt. Quels que soient les actes dont on apportera la preuve au juge, il aura toujours à en faire l'appréciation morale. Quant à ce qui est de ne pas lui laisser la liberté de se déterminer selon les faits, l'obliger à s'en tenir au serment des témoins qui ont assisté le mourant dans ses derniers moments, ainsi que la chose a été proposée ; rien ne serait plus anti-juridique ; car ce serait subordonner la validité d'un testament, au témoignage des intéressés.

En résumé, et pour nous servir des paroles prononcées par M. Labiche devant le Sénat : « le plus sûr moyen de révoquer une disposition testamentaire, c'est d'en faire une nouvelle ; » mais ce moyen, plus juridique et plus certain, n'est pas le seul ; et pour les conditions des funérailles, comme pour toutes les clauses contenues dans un testament, on pourra admettre des révocations de faits, qui rendront impossible, au point de vue moral, comme au point de vue matériel, la conciliation des volontés anciennes du défunt, avec une situation nouvelle.

Il y aura donc lieu à une appréciation du caractère et des circonstances de fait, qui ont accompagné cette situation nouvelle ; cette appréciation dont résultera l'abrogation ou le maintien des dispositions testamentaires, sera l'œuvre de la jurisprudence.

Section IV. — Juridiction compétente.

Du référé. — Compétence du juge de paix. — Des infractions à la loi.

Suivant les lois existantes et la jurisprudence actuelle, la juridiction, compétente en cette matière, est celle du président du tribunal civil, jugeant en référé. Ce magistrat, en cas de contestation, ordonne une inhumation provisoire, dans la forme lui paraissant se rapprocher le plus des intentions probables du défunt ; et le litige se poursuit devant les tribunaux ordinaires, qui ont à examiner, si, postérieurement à la disposition testamentaire réglant la matière, il s'est passé des faits assez éclatants et assez décisifs, pour démontrer, de la part du défunt, un changement de volonté suffisant, même en l'absence de tout écrit révocatoire.

Mais, l'on s'est demandé, notamment dans les rapports adressés aux Chambres sur la loi présentée par M. Chevandier, et dont nous avons déjà eu occasion de parler, s'il ne conviendrait pas de donner au juge de paix la connaissance de ces sortes d'affaires. Ce magistrat trancherait la question litigieuse, le jour même ; et les parties auraient un droit d'appel au président du tribunal qui déciderait en dernier ressort, dans les vingt-quatre heures. Selon nous, cette réforme serait utile et bonne à tous : on éviterait ainsi des inhumations provisoires, sur lesquelles il faudrait peut-être, revenir plus tard. Puis, nous comprenons mal, qu'une première inhumation puisse être civile, alors qu'une seconde inhumation devra, en vertu d'un jugement, avoir le caractère religieux; ou réciproquement, qu'un libre penseur, par exemple, ait des obsèques religieuses, puis, quelque temps après, un enterrement civil.

Ajoutons, que bien souvent, les contestations, à propos de funérailles, ne roulent que sur des faits d'une importance très-secondaire ; et qu'elles pourront se résoudre devant le juge de paix, au gré des parties qui reculeraient peut-être devant un procès à porter au chef-lieu d'arrondissement. Quant au droit d'appel devant le président, il a précisément pour but de sauvegarder l'intérêt des questions plus importantes : quand la volonté du défunt, par exemple, paraît avoir été méconnue en premier ressort.

Cette volonté constatée, notification en sera faite au maire ; et c'est lui, qui sera chargé de veiller à son exécution. Inutile d'ajouter, qu'en aucun cas, le maire ne pourra juger de l'authenticité de cette volonté, car il n'est qu'agent d'exécution, et nullement juge. C'est à lui, à notifier la décision judiciaire aux parents et aux ministres du culte ; à lui encore, à dresser procès-verbal, en cas d'infraction au jugement constatant la volonté du défunt.

Cette infraction, étant une résistance à une décision judiciaire, peut, suivant les cas, constituer le délit de rébellion, et tombe sous le coup des art. 209 et suivant du Code Pénal. Mais que décider, si aucun jugement n'étant intervenu, on a méconnu la volonté du défunt. Le prêtre, par exemple, a procédé à des obsèques religieuses, alors qu'il y avait lieu de faire un enterrement civil ? Cette question peut se trouver incidemment mêlée à celle d'une inhumation accomplie sans qu'il soit justifié de l'autorisation de l'officier de l'État Civil. Nous ne reviendrons pas sur ce sujet, sur lequel nous nous sommes suffisamment étendus, et nous supposerons le permis d'inhumer, régulièrement délivré. Dans cette situation, a-t-on dit le prêtre, qui procède à l'enterrement, ne commet aucun délit, aucun fait illicite, puisqu'aucun texte législatif ne prévoit le cas. Nous ne partageons pas cette manière de voir, et, à notre avis, l'inhumation est irrégulière et constitue une dérogation au décret sur les sépultures. Elle peut donc donner lieu à l'application de l'art. 471, n° 15 du Code Pénal, c'est-à-dire, à des peines de simple police, pourvu toutefois, que la notification de l'acte portant la déclaration de la volonté du défunt ait été régulièrement faite au ministre du culte. Dans le cas contraire, force nous est de reconnaître qu'aucune peine ne serait encourue.

Quoi qu'il en soit, les rapporteurs de la loi sur la liberté des funérailles, estimant que l'on n'était pas suffisamment armé contre les abus possibles en cette matière, ont assimilé cette infraction à la contravention constituée par la célébration du mariage religieux avant le mariage civil, et ont proposé d'appliquer les art. 199 et 200 du Code Pénal. Mais l'assimilation de ces deux ordres d'idées ne nous paraît pas juste : car dans la question du mariage à la mairie, il y a un intérêt infiniment plus considérable que dans celle de l'enterrement civil; il y a un intérêt social, celui de l'état civil des citoyens : tandis que dans la question qui nous occupe, on ne peut voir que l'inexécution d'une volonté individuelle. Il nous semblerait donc préférable de créer une répression spéciale, si l'on en veut une, sans aller exhumer ces art. 199 et 200, dont les peines, si graves, visent un intérêt général, celui de la société tout entière.

Section V. — Le défunt n'a pas manifesté sa volonté.

§. *a.* — *La famille. Droit du conjoint survivant.*

Jusqu'ici, nous avons toujours raisonné, dans l'hypothèse où le défunt avait manifesté sa volonté, sur la célébration de ses funérailles. Mais bien souvent, il n'aura rien prescrit, et n'aura pris aucune disposition à cet égard, pas plus qu'au sujet de la transmission de sa fortune. Il faudra alors s'en rapporter aux parents et aux héritiers, dans un ordre ou à des conditions, que la loi n'a malheureusement pas indiqué: c'est là une omission regrettable, et qu'il importe de combler, en s'inspirant des affections naturelles et des intentions probables du défunt; car il faut éviter, le plus possible, de laisser la décision de ces questions si délicates, tomber aux mains d'étrangers et d'indifférents.

C'est à la famille seule du défunt, le bon sens l'indique, épouse, héritiers et ascendants, qu'il appartient de régler la nature des obsèques : cela d'ailleurs, est implicitement contenu dans le décret de l'an XII sur les sépultures, qui, après avoir déclaré, à propos des convois religieux, » qu'il sera libre aux familles « d'en régler la dépense selon leurs moyens et facul- « tés, » leur attribue encore la demande des cérémonies du culte. Mais, dans quel ordre, les membres de la famille seront-ils appelés à se prononcer ; et s'ils sont en désaccord, à qui donner la préférence ?

Nous savons qu'à défaut de testament, le Code a pourvu à une transmission des biens, dans un ordre calqué sur l'ordre naturel des affections de famille, répondant à la volonté présumée du défunt, et aussi à l'intérêt de l'État. Mais, en ce qui touche les funérailles, la loi n'a établi aucune règle, à laquelle on puisse se référer, à défaut de prescription particulière du défunt. Or, ici, d'une part l'État n'est plus intéressé, et d'autre part, les affections les plus vraies, n'indiquent pas toujours similitude de croyances religieuses : outre, que les affections naturelles ne sont pas toujours les affections réelles, et que la volonté de l'héritier peut n'être pas l'expression des intentions de son auteur. L'on ne peut donc pas faire une assimilation complète entre la dévolution des biens et le règlement des obsèques. Il y a là deux ordres d'idées bien distinctes, et qui doivent être réglées par des considérations de nature différente.

Selon nous, le droit de présider aux funérailles, et d'en régler la nature, est dû, en premier lieu, à celui qui, pendant la vie du défunt, lui était attaché par le lien le plus étroit. Or, y a-t-il un lien plus étroit que celui qui résulte de l'union conjugale? Evidemment non, et les précédents que nous offre la jurisprudence nous confirment dans cette manière de voir.

Voici, d'abord, un arrêt de la Cour de Lyon du 5 avril 1851[1], où il est dit, que le devoir imposé au mari de veiller aux funérailles de son épouse prédécédée, et sa position de chef de famille, entraînent et expliquent le droit, de sa part, de désigner le lieu de la sépulture, lorsque la volonté de l'épouse est restée muette sur ce point.

Un jugement du tribunal de la Seine du 1er janvier 1852[2], reconnaît également au mari, quant au choix du lieu de la sépulture de sa femme, un droit prépondérant, sur celui des membres de la famille de celle-ci.

On lit encore dans les motifs d'une seconde décision du même tribunal, à la date du 17 mars 1866,

[1] Dalloz, 55-2-17.
[2] Dalloz, 55-5-410.

que c'est à la veuve, plutôt qu'aux héritiers collatéraux, que peut, en général, être remis le soin de veiller à la sépulture du mari [1].

Enfin, un arrêt de la Cour de Paris décide que, lorsqu'il s'agit de déterminer le lieu de l'inhumation, si un débat peut s'élever entre le conjoint survivant et les héritiers du défunt, d'autres parents ne sauraient puiser dans un sentiment d'affection, qualité pour engager une contestation ou y intervenir, et spécialement, que l'action des père et mère du défunt, qui ne sont pas ses héritiers, quelque respectable qu'en soit le mobile, ne peut s'appuyer sur aucun droit (*Paris*, 27 *juin* 1862.)

Attendu, dit aussi, et dans le même sens, un arrêt de la Cour de Nancy, que quelque respectable que soit le droit de la mère, il se trouve primé par celui du mari (Nancy, 14 août 1869 [2].)

Malgré cette tendance bien marquée de la jurisprudence en faveur de l'époux survivant, de vives controverses se sont élevées sur ce droit du conjoint en opposition avec le droit des héritiers. Les adversaires de notre système présentent, à leur appui, un arrêt célèbre et fortement motivé, celui de la Cour de Bastia du 17 juillet 1865, qui, accorde la préfé-

[1] Gazette, 20 mars 1866.

[2] Dalloz, 1869-2-233.

rence aux héritiers, surtout, quand parmi eux se trouve la mère du défunt. Vu son importance, nous ne pouvons nous dispenser de l'étudier.

L'arrêt de la Cour, après avoir apprécié les circonstances de la cause, examine la question au point de vue des sentiments du cœur, et affirme le droit de la mère à l'encontre de l'époux survivant. Puis, se plaçant sur le terrain légal, et considérant : « que « la mort de l'un des deux époux met fin au ma- « riage, par conséquent aux droits et obligations qui « en découlent,... que tout lieu est rompu entre les « époux, » la Cour déclare que, puisque les biens de la femme retournent à sa propre famille, « les cen- « dres qui sont le principal, et l'héritage qui est « l'accessoire, doivent avoir le même sort. » Elle préfère le droit de la mère, héritière de sa fille, à celui de l'époux, simple usufruitier, et elle va même jusqu'à faire passer, avant celui-ci, l'héritier du sang, quel qu'il soit : « parce qu'il est tout naturel « que le corps aille là, où va la fortune. »

Mais, toutes ces raisons ne réussissent pas à nous convaincre. Qu'importe que l'époux survivant recouvre sa liberté par la mort de son conjoint ; « que « le mari puisse se remarier dès le lendemain. » Dire que la mort brise tout lien entre les époux, c'est dire aussi, qu'elle brise également tout lien entre le défunt et ses père et mère. Si donc, l'argument est bon, il porte avec la même force, contre la famille du défunt. Mais, ajoute l'arrêt, « l'obligation « de payer les frais des funérailles emporte néces- « sairement le droit d'y présider, et par suite, de dé- « terminer le mode et le lieu de l'inhumation. » C'est précisément ce que nous contestons, car si la loi a réglé l'obligation civile de subvenir aux frais des funérailles, elle n'a rien dit des derniers honneurs à rendre au mort. C'est, dans certains cas, un devoir pour les héritiers ; mais ce ne peut être, pour eux, un droit absolu et opposable à tous.

Qu'importe, en outre, qu'ainsi que nous l'avons indiqué plus haut, la loi, dans l'intérêt de la société et de l'Etat, ait fait passer, dans l'ordre successoral, les héritiers du sang avant l'époux.

Enfin, l'arrêt de la Cour de Bastia paraît s'effrayer à la pensée que, « si le titre d'époux survivant « donne au mari le droit de garder les dépouilles « mortelles de sa femme, il faudrait, par la même « raison, accorder le même droit à l'épouse, par « rapport aux cendres de son mari, ce qu'on n'a « pas osé soutenir. » Mais, bien loin de ne pas le soutenir, nous réclamons, au contraire, le même privilège en faveur de la femme ; car il y a entre les époux, à cet égard, parité complète de situation et de droits, puisqu'il y a parité d'affection.

Ainsi donc, quand le défunt n'a pas manifesté sa volonté, d'une façon ou d'une autre, c'est le droit du conjoint survivant qui doit occuper le premier rang.

Toutefois, ce n'est pas là une règle absolue : nul doute, par exemple, que la séparation de corps, qui affranchit la femme des droits que la loi donne au mari, sur sa personne, ne prive également ce dernier de la faculté de disposer des dépouilles mortelles de son conjoint. A plus forte raison, en est-il ainsi, pour le divorce, qui n'est autre chose que la rupture du lien conjugal, et par l'effet duquel, les époux sont devenus étrangers l'un à l'autre.

Mais, que décider, au cas où les époux auraient vécu en mauvaise intelligence, où sans être séparés légalement, ils étaient séparés de fait ? La preuve de démêlés fréquents, entre les époux, attestant que le bon accord n'existait point entre eux, suffit-elle pour faire préférer la famille au conjoint survivant ? On ne peut faire, ici, une réponse absolue ; car, comme il y aura toujours des circonstances de fait à apprécier, ce sera aux tribunaux à trancher la question, et à rechercher, dans la vie, les habitudes et les idées du défunt, ce qu'aurait pu être sa volonté, à cet égard.

Dans le même ordre d'idées, on s'est encore demandé si le nouveau mariage, contracté par l'époux survivant, pouvait motiver, de la part de la famille du prédécédé, une demande d'exhumation. La jurisprudence, appelée à se prononcer, a établi que le fait seul d'une seconde union serait insuffisant pour justifier une exhumation, s'il n'était accompagné de circonstances d'une certaine gravité, et dont l'appréciation appartenait aux tribunaux. « Attendu, dit un arrêt de la Cour de Grenoble, qui si la veuve Sébastien Givord a pu se prévaloir, à la mort de son mari, des droits que crée à l'épouse le lien sacré qui l'unissait au défunt, pour garder auprès d'elle ses restes mortels dans le cimetière de Chanoz, et si la famille Givord elle-même, loin de lui disputer ce douloureux privilége, s'est associée à sa pensée, en prenant à sa charge les frais du tombeau élevé par ses soins, le second mariage de la veuve de Sébastien Givord, dans les circonstances particulières où il s'est accompli, a été l'abdication volontaire de ses droits d'épouse sur les restes mortels de son premier mari, qui semble avoir voulu la frapper lui-même de cette déchéance en la privant de l'usufruit dans le cas de convol. » (*Grenoble* 9 *juin* 1862.)

Au contraire, un arrêt de la Cour de Paris, du 27 juin 62, repousse la demande d'exhumation du mari, après le mariage de sa veuve, attendu « que les faits allégués sont insuffisants, dans l'espèce, pour motiver une mesure aussi grave. »

Pour nous résumer, nous dirons donc, qu'en règle générale, et dans les cas ordinaires, le droit du conjoint est préférable à tous autres, même à celui des père et mère.

§. *b.* — *Droit des père et mère vis-à-vis de leurs enfants mineurs.*

Supposons maintenant le défunt non marié ; le père ou la mère auront-ils sur le service funèbre de leur enfant, droit de décision ? Deux hypothèses peuvent se présenter : ou bien l'enfant était mineur, et par suite soumis à la puissance paternelle ; ou bien il était majeure à l'heure de sa mort, et affranchi de tout contrôle de la part de ses ascendants. Occupons-nous d'abord de la première hypothèse.

On entend par puissance paternelle, un droit fondé sur la nature et reconnu par la loi, qui donne au père, et à son défaut, à la mère, avec la faculté de correction sur leurs enfants, la surveillance de leurs personnes, l'administration et la jouissance de leurs biens. Pour les mineurs de seize ans, ce droit du père est absolu ; il souffre, au contraire, une restriction, ainsi que nous l'avons vu, pour les enfants qui ont dépassé leur seizième année, et, qui, ayant le droit de tester dans certaines conditions, peuvent valablement disposer de leurs dépouilles mortelles. Mais, comme nous supposons, dans notre hypothèse, que le défunt n'a pas émis de volonté, nous n'avons aucune distinction à établir entre le mineur de seize ans, et le mineur de vingt et un ans. Tous deux sont également soumis à l'autorité du père [1], qui pouvant disposer sans contrôle de leur personne, pendant leur vie, soit pour les placer, soit pour les faire détenir correctionnellement [2], peut naturellement, après leur mort, procéder à leurs funérailles, dans la forme et les conditions qu'il choisira.

Comme en vertu de l'art. 373, « le père seul exerce cette autorité durant le mariage », s'il y avait conflit entre le père et la mère, nul doute que la volonté du premier ne dût prévaloir. Le Code lui-même nous l'indique, car nous pouvons tirer un argument d'analogie de l'art. 148 ainsi conçu : « Le fils qui n'a pas atteint l'âge de vingt-cinq ans accomplis, la fille qui n'a pas atteint l'âge de vingt-et-un ans accomplis, ne peuvent contracter mariage sans le consentement

[1] V. Palais, 1877, 368.
[2] Art. 376 et s.

de leurs père et mère : en cas de dissentiment, le consentement du père suffit. »

Mais que décider, si, lors du mariage, il avait été expressément convenu que les enfants seraient élevés dans la religion à laquelle appartenait la mère, (supposons la religion catholique) ; celle-ci pourrait-elle exiger, malgré la volonté du père, la sépulture religieuse pour ses enfants décédés ? L'affirmative a été soutenue car, a-t-on dit, il y a là un contrat qui, comme tous les contrats, ne peut être révoqué que du consentement mutuel des parties, et auquel le père ne peut pas se soustraire[1]. Mais comment concilier cette opinion avec les art. 373 : « *le père exerce seul cette autorité, durant le mariage* ; » et 1388 : « *les époux ne peuvent déroger ni aux droits résultant de la puissance maritale sur la personne de la femme et des enfants, ou qui appartiennent au mari comme chef, ni aux droits conférés au survivant des époux... ni aux dispositions prohibitives du présent Code.* » Un tel contrat ne tombe-t-il pas directement sous le coup de ces articles ! Il est donc nul de droit, comme contraire aux lois.

Mais nous estimons, qu'en pareil circonstance, le refus du père d'accomplir sa promesse, étant un manquement à un engagement d'honneur, peut moti-

[1] V. Roux, du droit de sépulture, p. 327.

ver une demande en séparation, pour injure grave.

On a même voulu aller plus loin, et voir, dans la célébration religieuse du mariage, acceptée par le mari, comme un engugement tacite de sa part de faire élever et enterrer les enfants dans la religion catholique. Mais cette opinion ne saurait résister à la discussion ; car, que répondre à celui qui viendrait déclarer que ses convictions ont changé, et qu'il croit devoir faire embrasser à ses enfants un culte différent de celui qu'il professait, à l'époque de son mariage. De telles questions appartiennent tout entières au domaine de la conscience, et échappent pour ce motif à la compétence de l'autorité judiciaire.

Si, durant le marige, on doit s'incliner devant la décision du père, chef de la famille, la volonté de la mère devient prédominante, après la mort de son mari; car c'est à elle alors que passe la puissance paternelle avec tous les droits qui y sont attachés. La direction de la famille lui est encore attribuée, même durant le mariage, lorsque le père est, par suite d'une condamnation criminelle, privé de sa puissance, ou lorsqu'il se trouve, pour cause d'absence (*art.* 141 *C. C.*) ou d'interdiction, dans l'impossibilité de l'exercer. Il en serait ainsi, alors même que la mère n'aurait pas été nommée tutrice de son mari ; et la raison en est, que la loi ne confie au tuteur que l'administration de la personne et des biens de l'interdit, et non l'exercice de la puissance paternelle[1].

D'autres circonstances peuvent encore, du vivant même du père, appeler la mère, sinon à l'exercice exclusif de la puissance paternelle, du moins, à une participation active à cette puissance. Ainsi, en cas de séparation de corps ou de divorce, les tribunaux, qui ne suivent comme règle, en cette matière, que le plus grand avantage des enfants, peuvent en attribuer la garde à la mère, alors que la puissance légale continue de résider en la personne du père. Si donc, l'enfant a été confié à la femme séparée ou divorcée, c'est elle qui décidera et dirigera ses obsèques, de même qu'elle décide et dirige son éducation.

D'après la jurisprudence, la puissance paternelle appartient encore aux père et mère, sur leurs enfants naturels reconnus. « La naissance seule, disait Tronchet au Conseil d'État, établit des devoirs entre les parents et les enfants naturels ; ces enfants doivent être sous une direction quelconque ; il est juste de les placer sous celle des personnes que la nature oblige à leur donner des soins. » Les père et mère

[1] Orléans, 9 août 1817. — Marcadé, 507.

auront donc le droit de statuer sur la sépulture de ces enfants, comme sur celle de leurs enfants légitimes. Mais que décider, s'ils ne sont pas d'accord? Deux opinions sont en présence : l'une déclare que les tribunaux seuls peuvent trancher la question, car les droits de la mère sont égaux à ceux du père toutes les fois qu'un texte n'accorde pas une prépondérance quelconque à ce dernier ; on objecterait en vain l'article 373, dit-on, car il n'est applicable qu'aux enfants légitimes, *durant le mariage*[1]. Une seconde opinion, professée par M. Demolombe[2], donne la prééminence à la volonté du père, car c'est le nom du père que porte l'enfant, c'est sa nationalité qui est devenue la sienne. Cette prééminence, l'article 383, relatif au droit de correction, la supposait déjà, quoique très-indirectement en accordant ce droit d'abord au père[3].

§. c. — *Droit des pères et mère vis à vis de leurs enfants majeurs.*

De toutes ces décisions, il résulte que la minorité

[1] Voyez Rouen, le droit en matière de sépulture, p. 333.

[2] V. T. VI, n° 629.

[3] Ajoutons que c'est également la volonté du père naturel, de même que la volonté du père légitime qui l'emporte, en cas de dissentiment, sur celle de la mère, lorsqu'il s'agit du mariage de l'enfant. (Art. 148 et 158.)

du défunt donne une influence prépondérante, à la volonté des père et mère. Mais arrivons maintenant à notre seconde hypothèse, et supposons qu'il s'agisse d'un majeur, décédé sans laisser ni enfants, ni conjoint, dirons-nous encore, que le père, ou à son défaut, la mère, ont, sur le règlement des obsèques, un droit dérivant de leur parenté, indépendamment de leur qualité d'héritiers ? Tout d'abord, l'argument tiré par nous, des effets de la puissance paternelle, demeure sans valeur dans l'espèce, car nous savons, qu'après la majorité, la puissance paternelle n'est plus que de conseil et d'assistance. D'un autre côté, nous avons repoussé toute assimilation entre le règlement des funérailles, et la dévolution des biens, pour des motifs sur lesquels nous n'avons pas à revenir ; estimant que la direction des obsèques, étant un devoir tout de respect et d'affection, devait aller là où résidait cette affection. Or, comme l'affection naturelle, croit, en raison directe, du rapprochement de la parenté, ce sera aux parents les plus proches du défunt, que nous attribuerons toujours la direction des funérailles : sauf aux tribunaux à apprécier, si cette décision ne paraît pas aller à l'encontre des volontés du décédé ; c'est, qu'en effet, les juges doivent, en cette matière, avoir un large pouvoir d'appréciation, et toujours statuer *ex æquo et bono.*

Aussi, dans notre hypothèse, les père et mère du de cujus, étant ses plus proches parents, auront-ils droit de diriger ses funérailles ; alors même, qu'ils ne viendraient à sa succession, qu'en concours avec des frères et sœurs ou descendants d'eux[1].

§. *d.* — *Droits des enfants.*

En thèse générale, le droit des père et mère ne s'inclinera donc que devant celui du conjoint survivant ou des enfants du défunt. Pour ces derniers, en effet, aucune contestation n'est possible ; car, le Code d'accord avec les sentiments d'affection du de *cujus*, les place toujours au premier rang, leur donne, sur tous autres parents et en toutes matières, une préférence exclusive. Si donc les fils ou filles du défunt sont d'accord entre eux, sur le règlement des obsèques de leur père ou mère, aucune difficulté ne pourra se présenter. Mais que décider, s'ils ont chacun une volonté différente : l'un réclame, par exemple, un convoi religieux, l'autre un enterrement civil ? Comme aux yeux du Code, ils sont tous sur un pied d'égalité parfaite (*art.* 745), les tribunaux seuls, pourront trancher la question. Bien entendu, nous ne parlons ici, que des enfants légitimes : quant aux

[1] Voyez toutefois : Contrà, Roux.

enfants naturels, même légalement reconnus, ils n'ont droit de décision, sur la sépulture de leurs père et mère qu'en absence de tout enfant légitime; car la loi ne les a pas mis sur le même rang que ceux-ci (*art.* 338), et leur a toujours témoigné une certaine défaveur.

Après cette analyse, nous croyons inutile de suivre les divers échelons de la parenté, et d'entrer dans d'autres détails, pour savoir à qui appartient successivement le droit de régler les funérailles; car le principe est partout et toujours le même. Ainsi, à défaut de conjoint ou d'enfant, le droit passe aux père et mère, puis aux aïeuls et aïeules, même s'ils sont en concours avec des frères et sœurs, car c'est à eux que la loi confie certains attributs de la puissance paternelle en cas de prédécès des père et mère, notamment le droit de consentement ou de conseil, lorsqu'il s'agit du mariage des enfants (148 et s.) et le droit de tutelle (402), S'il s'agissait d'un enfant naturel, nous donnerions cependant la préférence aux frères et sœurs, car les ascendants autres que les père et mère ne sont pour lui que des étrangers (756). La loi ayant renfermé dans un cercle très-étroit la famille de l'enfant naturel, on ne doit point, même en notre matière, franchir les limites qu'elle a tracées.

A défaut d'ascendant dans l'une ou l'autre ligne, on s'en référera à la loi de succession pour décider quel est le parent qui doit se prononcer sur la sépulture à donner au défunt, car alors ce sera toujours le parent le plus proche qui sera appelé à la succession.

Rappelons en terminant que les intentions exprimées par le défunt, doivent avant tout servir de règle ; et que, si en l'absence d'une déclaration formelle, les circonstances permettent de présumer d'une manière légale et juridique, sa volonté, on n'en saurait logiquement suivre une autre. Au reste, on devra toujours, en ces matières, assurer, dans la mesure du possible, le respect envers les morts, et la paix des familles, en écartant avec soin les caprices et les pensées haineuses ou tracassières.

CHAPITRE III

DU REFUS DE SÉPULTURE ECCLÉSIASTIQUE

Décret de prairial an XII. — Impossibilité d'exécution. — De l'appel comme d'abus.

Le défunt, libre, ainsi que nous l'avons vu, de déterminer le lieu et le mode de ses funérailles, d'accepter ou de repousser tout exercice du culte, autour de son cadavre, ne jouit cependant pas d'une liberté absolue, en ce qui regarde sa dépouille mortelle. Sa volonté peut se heurter, soit à un refus de l'autorité ecclésiastique, soit à la loi, soit à des prescriptions de police. Nous examinerons successivement ces trois points.

Après avoir parlé du droit de procéder librement, à un enterrement civil, réclamé par le défunt, nous avons à nous occuper du cas où cet enterrement civil est imposé, par suite du refus fait par le prêtre d'accomplir les solennités religieuses.

On a vu, que nos lois ont proclamé et garanti en principe l'entière indépendance de l'Eglise relativement à ses cérémonies publiques ; que l'Etat qui se réserve,cependant, de surveiller et de réglementer le service extérieur, pour assurer la tranquillité générale, s'abstient, avec soin, de toute ingérence dans les pratiques intérieures de la religion. Cette abstention, d'ailleurs, peut seule constituer, non seulement la tolérance, mais encore la véritable liberté des cultes et la liberté en religion.

Comment donc concilier ces principes, avec l'article 19 du décret du 23 prairial, an XII, ainsi conçu: « *Lorsque le ministre d'un culte, sous quelque pré-* « *texte que ce soit, se permettra de refuser son minis-* « *tère pour l'inhumation d'un corps, l'autorité civile,* « *soit d'office, soit sur la réquisition de la famille,* « *nommera un autre ministre du même culte pour* « *remplir ces fonctions ; dans tous les cas, l'autorité* « *civile est chargée de faire porter, présenter, déposer* « *et inhumer le corps.* »

Il y a dans cette disposition, une atteinte directe au principe de la liberté de conscience ; et on n'a pas tardé à en reconnaître l'abus tyrannique. De quel droit, en effet, venir forcer un ministre du culte, à prêter son concours à celui dont la vie et la mort n'ont été qu'un long blasphème contre la religion. Sans doute, lorsqu'une Eglise refuse ses prières à un mort, elle fait peser une sorte d'anathème sur sa mémoire; mais quand ce refus, d'ailleurs très-rare de nos jours[1], n'est pas arbitraire, il nous semble que les familles devraient le supporter sans se plaindre, car l'Eglise a ses règles que les prêtres ne peuvent franchir, et leur conduite est exempte de blâme, lorsqu'elle est conforme à ces règles.

En fait, cet article 19 ne s'explique que par le violent désir qu'avaient les législateurs de mettre fin aux scandales de l'ancien régime, en subordonnant la loi religieuse à la loi civile. Ils ont voulu assurer une protection efficace, contre des sévérités injustes. Mais entraînés, sans doute, par un esprit de réaction trop violent, ils ont dépassé le but ; et les prescrip-

[1] Suivant les lois ecclésiastiques, on doit refuser la sépulture chrétienne ; 1° aux infidèles ; — 2° aux apostats ; — 3° aux hérétiques ; — 4° aux excommuniés publics et notoires ; — 5° aux suicidés ; — 6° aux duellistes ; — 7° à ceux qui ont formellement refusé les secours de la religion au moment de la mort.

De longs commentaires accompagnent toujours, dans les canons de l'église, cette énumération ; et ont pour but et pour effet d'en atténuer les rigueurs. C'est également dans une pensée de conciliation, que Bossuet écrivait à l'évêque de Saintes, le 26 février 1687 : « La présomption de la pénitence étant la plus favorable, c'est celle que l'on doit suivre. En général, j'évite, autant que je le puis, de donner occasion à la justice de sévir contre la mort, parce que je ne vois pas que le supplice fasse un bon effet. » . . . .

tions par eux prises, sur ce sujet, se sont trouvées tellement en opposition avec les notions les moins contestées sur la liberté, que jamais l'autorité civile n'a essayé sérieusement de les mettre à exécution. D'ailleurs, le refus de sépulture ecclésiastique, qui était autrefois une honte, et entachait les familles, était bien loin, après la révolution, par suite de la liberté des cultes, de présenter le même caractère.

En droit, du reste, l'article 19 est inexécutable, car il est en contradiction avec l'article 1er de la loi du 18 germinal, an X : « *La religion catholique sera librement exercée en France* » ; et avec une circulaire du ministre des cultes, portant que les maires n'ont point la police intérieure de l'Eglise et ne peuvent y exercer aucun acte d'autorité, (16 *mars* 1809). Puis, comment concevoir, qu'en fait, le second prêtre, désigné par l'autorité, consentira, au risque d'encourir les sanctions des lois ecclésiastiques, à procéder à la cérémonie refusée par le premier. « Qu'est-ce, en « effet, que ce prêtre automate, s'écrie M. de Cormenin, qui arrive au coup de sifflet de l'autorité civile, et qui prie par commission. La prière vient-« elle du bureau de police. »

Malgré toutes ces difficultés d'exécution, auxquelles venait se heurter cet article 19, difficultés qui en rendaient l'observation impossible à tous les points de vue, la question fut encore reprise en 1812, et l'on chercha, au moyen d'une sanction pénale, à forcer le prêtre à prêter son ministère, toutes les fois qu'il en serait requis. Un décret, présenté en février 1812 et resté d'ailleurs à l'état de projet, portait :

Art. 1. — Toute personne morte dans l'état extérieur de l'Eglise catholique a droit aux secours spirituels de cette Eglise, et c'est de la part des ecclésiastiques manquer à un des premiers devoirs de leur ministère que de refuser, dans ce cas, les offices qui leur sont demandés.

Art. 2. — A partir de la publication du présent décret, tout ecclésiastique qui, sous quelque prétexte que ce soit, fera de semblables refus, sera réputé démissionnaire et éloigné de dix myriamètres au moins du diocèse où il exerçait ses fonctions pastorales.

La rigueur même de la sanction empêcha sans doute l'adoption du projet ; mais l'art. 19 de la loi de prairial restait toujours en vigueur, et son application fut encore demandée, quant au droit de présentation du moins. M. Dupin, dans un réquisitoire prononcé devant la Cour de Cassation le 23 juin 1831, s'exprimait ainsi : « Les curés ne dépendent que de leurs évêques dans leurs fonctions spirituelles, aussi voyons-nous qu'on ne peut leur enjoindre de prier pour les morts : on peut seulement faire ouvrir les portes de l'Eglise, parce que la loi le permet, et faire présenter le corps parce que c'est un fait matériel ; mais, du reste, rien n'oblige le prêtre à sortir du sanctuaire et à prononcer les paroles sacrées. » L'orateur s'appuyait sur ces motifs que les églises sont la propriété du gouvernement qui les affecte au culte, et en confie la police à ses ministres ; que ces édifices n'ont été livrés, qu'à la condition que tous les coréligionnaires y auraient accès ; et que le droit de présentation, loin d'être une violation de la liberté, est une garantie pour tous, contre le pouvoir arbitraire de quelques-uns.

Cette interprétation, combattue par ces raisons, à savoir, que si les églises sont des propriétés communales, du moins, leur usage est déterminé par la loi, et que si le maire a un droit de police dans l'intérieur du temple, c'est pour y empêcher le désordre, et non pour y faire des actes, évidemment en dehors de ses attributions ; cette interprétation, disons-nous, ne pouvait que faire naître les plus graves désordres, le jour où l'autorité aurait tenté de la mettre en pratique.

C'est précisément ce qui arriva en 1847 à Périgueux, à l'occasion des funérailles d'un nommé Feytaud, pour qui on avait refusé la sépulture ecclésiastique. La force publique envahit l'église, accompagnant le corps de M. Feytaud, et le prêtre, cédant à la force, se retira ; puis un boulanger présida à la cérémonie, en parodiant les chants de la religion, au grand scandale de la population. Ajoutons que le gouvernement se hâta de désavouer la conduite de son représentant, par une lettre de blâme du 23 janvier 1847 ; et que, désireux de prévenir le retour de pareils scandales, il adressa aux préfets, presque simultanément, deux circulaires, pour leur tracer la conduite qu'ils auraient à tenir, en cas de refus de sépulture religieuse.

L'une de ces circulaires, signée du ministre des cultes, est du 15 juin 1847 ; la seconde, plus complète et plus explicite, émane du ministre de l'Intérieur et est du 2 août de la même année. Nous en citerons seulement quelques passages [1].

«... Les dispositions du décret de Prairial ont, à « plusieurs reprises, reçu une interprétation qui, il « faut le reconnaître, ne saurait se concilier avec « nos institutions qui garantissent aux cultes, pro- « tection et liberté, et spécialement avec l'article 5 « de la Charte 1830...

« ... Cet article ne saurait valablement attribuer, à « l'autorité civile, le droit de faire ouvrir les portes

[1] V. Dalloz, 1847, 3, 128 et 173.

« d'une église, dans le but d'y introduire le corps « d'un homme, à qui le clergé refuserait la sépul- « ture ecclésiastique.

« ...Si donc le cas de refus de sépulture, prévu par « le décret de Prairial, venait à se présenter, l'auto- « rité civile, par respect pour le principe de la li- « berté religieuse, devrait formellement s'abstenir « de tout acte qui y porterait atteinte, comme d'in- « troduire, de force, le corps du défunt dans le tem- « ple et de faire procéder à des cérémonies qui, dé- « tournées de leur but, ne seraient plus qu'un acte « de violence exercé contre la conscience du prêtre « et un scandale.

« J'ajouterai, dit le ministre, que, si les refus de « sépulture étaient inspirés par des sentiments au- « tres que ceux du devoir, les familles trouveraient, « dans les dispositions des art. 6 et suivants, de la « loi du 18 Germinal, an X, les moyens d'obtenir la « répression des abus. »

Aujourd'hui, cette circulaire forme la loi, non contestée, et universellement suivie, sur la matière. Il en résulte que le prêtre a le droit de refuser la sépulture religieuse, et que l'autorité civile ne peut que présenter le corps à la porte de l'église, et à la porte seulement, pour faire constater le refus persévérant du ministre du culte.

Cette présentation du corps, à la porte du temple, a son importance ; car elle a pour effet de mettre le prêtre en demeure, et de rendre possible l'appel comme d'abus, auquel faisait allusion la circulaire que nous venons de citer, dans le cas où le refus de sépulture est arbitraire.

Il nous reste donc àvoir, en quelles circonstances on pourra recourir à l'appel comme d'abus, la seule sanction possible, aujourd'hui, d'un cas d'intolérance ecclésiastique.

« *Les cas d'abus sont :.... toute entreprise ou tout procédé qui, dans l'exercice du culte, pourrait compromettre l'honneur des citoyens. troubler arbitrairement leur conscience, dégénérer contre eux en injure, en oppression, en scandale public*, porte l'art. 6 de la loi du 13 Germinal an X.

Le vague dans lequel est conçue cette définition, montre bien qu'on a voulu laisser au conseil d'Etat la plus grande liberté, et le droit d'intervenir, chaque fois qu'il le jugerait nécessaire ; il pourra donc juger le refus, en apprécier les raisons, et s'il estime qu'il y a eu injure, oppression ou scandale public, il déclarera l'abus.

C'est ainsi que dans la célèbre affaire du comte de Montlosier[1], lorsque le conseiller d'Etat déclarait y

[1] 30 décembre 1838.

avoir abus dans le refus de l'évêque de Clermont, d'autoriser la sépulture catholique, il a eu soin de faire ressortir que ce refus de sépulture fait par l'autorité ecclésiastique au comte de Montlosier, dans les circonstances qui l'avaient accompagné et qui avaient été constatées par l'instruction, constituait un procédé dégénérant en oppression et en scandale public. — M. de Montlosier, en effet, était mort après s'être confessé, et entouré de tous les secours de la religion ; mais il avait constamment refusé de rétracter ses ouvrages, mal vus du clergé, et vivement blâmés à Rome, sur la formation de certaines congrégations et le rétablissement des Jésuites en France. Or, l'évêque de Clermont n'alléguait que ce défaut de rétractation, comme cause de son refus de permettre l'accomplissement des cérémonies religieuses aux funérailles du comte de Montlosier. Le conseil d'Etat déclara l'abus.

Cet appel comme d'abus est donc une garantie contre l'intolérance et l'oppression des autorités ecclésiastiques. Sans doute, sa seule sanction consiste en une simple censure, mais, en fait, outre qu'on comprendrait mal un jugement ordonnant des prières et des messes [1], ce blâme, infligé à un ministre

[1] C'est pourtant ce qui arrivait, à la fin du siècle dernier, où, à cause de l'importance considérable que présentait alors le refus

du culte, sera toujours respecté et redouté du clergé, car il est autant dans l'intérêt de l'Eglise que dans celui de l'Etat, de maintenir les bons rapports entre eux.

de sépulture ecclésiastique, les Parlements se crurent en droit d'intervenir et de s'opposer à des refus qu'ils jugeaint immérités; et surent contraindre le clergé, à l'exécution de leurs arrêts, par la saisie du temporel. Nous citerons à l'appui, un arrêt de la chambre de la Tournelle, du parlement de Paris, en date du 19 mars 1755.

Jean-Alexandre Boileau, chirurgien à St-Vrain, était mort au mois de novembre 1754, sans avoir reçu les sacrements ; mais il assistait régulièrement aux offices de l'Église et avait d'ailleurs été administré dans une grande maladie, en 1745. Le curé refusa la sépulture catholique, disant qu'il ne pouvait s'y prêter, sans compromettre son ministère, en devenant le fauteur de l'impiété et de l'irreligion.

Plainte fut portée par les héritiers au juge haut-justicier du lieu qui ordonna au curé de procéder à l'inhumation en observant les cérémonies et prières d'usage, et le condamna à 300 livres d'amende.

Appel ayant été interjeté, l'affaire fut portée au parlement de Paris, qui supprima l'amende, mais ordonna la transcription du procès-verbal d'inhumation sur le registre paroissial, enjoignit, au curé de St-Vrain, de célébrer une messe de *requiem* pour le sieur Boileau, et le condamna en 100 livres de dommages-intérêts, et à tous les dépens.

(Denisart, Collect. de jurisprud.) *Verbo*, sépulture.

CHAPITRE QUATRIÈME

DE LA CRÉMATION

État actuel de la loi. — Utilité de la crémation. — Objections. — Préjugés.

De même que les lois canoniques, la loi civile, aussi, peut mettre obstacle à l'accomplissement des volontés du défunt sur ses dépouilles mortelles.

L'on s'est demandé, à ce sujet, si, libre de régler la nature et la pompe de ses funérailles, le disposant ne pourrait pas ordonner que son corps, au lieu d'être enseveli dans les conditions ordinaires, soit brûlé et que les cendres en soient conservées, en un mot, si nos lois actuelles permettaient l'usage de la crémation ?

Sans insister ici sur les avantages ou les inconvénients que pourrait présenter une semblable pratique, force nous est de reconnaître qu'aucun texte législatif n'autorise la crémation, et que son usage doit être formellement repoussé, jusqu'à ce qu'une loi en vienne autoriser le libre exercice.

C'est qu'en effet, le décret du 23 Prairial, an XII, ne prévoit et ne réglemente que la sépulture par inhumation, et ce décret ayant été rendu sous l'empire de la constitution du 22 Frimaire an VIII, a force de loi : une décision des Chambres serait donc nécessaire pour permettre la mise en pratique d'un autre mode de sépulture. Le législateur ayant cru devoir intervenir pour réglementer l'inhumation, doit également être consulté pour autoriser et réglementer l'incinération. D'ailleurs ce décret n'est pas isolé, les rédacteurs du Code n'ont également eu en vue qu'un mode unique de sépulture, car les articles 77 du Code Civil et 358 du Code Pénal seraient inapplicables à la crémation.

On a cependant présenté, devant cette nécessité d'une loi, deux objections : on a d'abord prétendu assimiler l'inhumation des cendres après incinération, à l'inhumation du cadavre. En réalité, il n'y a là qu'un argument de mots sans valeur, car, bien évidemment, selon la pratique et selon la loi, l'inhumation consiste essentiellement dans le dépôt et la consomption du corps en terre. Mais, a-t-on ajouté, aucune loi ne prévoit l'embaumemeut ni l'autopsie, et cependant la pratique les admet sans difficulté, pourquoi dès lors repousser la crémation, pourquoi ne pas l'admettre au même titre. A ceci nous répondrons que l'autopsie et l'embaumement, à la différence de la crémation,étaient usités dans la pratique, bien avant le décret de Prairial ; et que ce décret, en prévoyant un mode unique et général de sépulture, excluait par là, implicitement, tout mode concurrent nouveau, mais sans prohiber une opération préalable sur les cadavres, telle qu'une autopsie réclamée par la science ou la justice, ni une opération accidentelle, tel qu'un embaumement.

En définitive, sur le terrain juridique, nous croyons qu'une loi est indispensable pour autoriser la pratique de la crémation. Mais, nous plaçant maintenant à un autre point de vue, il nous reste à examiner si une telle loi serait désirable en principe et utile en fait.

Utile, elle le serait à coup sûr, en ce qui regarde l'hygiène publique ; car c'est une chose digne de remarque que le soin avec lequel les vivants se privent des terrains qui leur seraient les plus utiles, et en font, au contraire, des foyers de putréfaction et une menace permanente pour la société : « Par cette ac-
« cumulation de matières en décomposition, entas-
« sées dans nos cimetières, nous avons jeté un défi à
« la peste, s'écrie M. Maxime du Camp, c'est miracle

« qu'elle n'y ait point répondu. » C'est qu'en effet, on demande, à la terre, un travail qu'elle ne peut produire ; saturée comme elle l'est dans les cimetières de nos grandes villes, elle laisse échapper des émanations méphytiques, d'autant que l'air ne peut plus y arriver en quantité suffisante, pour déterminer une combustion complète. Ces émanations, ces miasmes putrides, amenés par le vent, n'offrent pas une grande sécurité aux habitants des villes ; et si l'air qu'ils respirent leur arrive chargé de principes impurs, que dire des nappes d'eau souterraines qui se mêlent aux puits et aux prises d'eau. A Paris, par exemple, il est parfaitement reconnu que les sources sulfureuses, existantes en plusieurs points, ont, pour seule et unique cause, l'infiltration des eaux pluviales à travers les cimetières de la capitale. Ces dangers, présentés par les cimetières, se font même si vivement sentir, que chaque jour de nouvelles solutions sont proposées : tantôt on veut en changer l'emplacement ; tantôt on veut transporter les cadavres au loin, si loin, que la création d'un chemin de fer serait nécessaire pour ce transport[1] ; tantôt, on propose l'emploi de cercueils en ciment, etc. La multiplicité même de ces projets, en montre bien l'imperfection : c'est que tous, en effet, au point de vue de la salu-

[1] Projet de cimetière à Méry-sur-Oise.

brité publique, ne sont que des demi mesures : l'usage de l'incinération, au contraire, offrirait à cet égard un avantage considérable.

Nous ne saurions nous dissimuler, néanmoins, que la crémation a contre elle des préjugés d'autant plus enracinés dans les esprits qu'ils sont irraisonnés, et qu'ils appartiennent à deux ordres de sentiments également réfractaires à la discussion, les croyances religieuses et le culte des morts. Préjugés, avons-nous dit, c'est que rien, en effet, dans l'usage du bûcher, n'offense ni la religion, ni le respect dû aux morts.

D'abord, il est bien entendu qu'il n'est pas question de prohiber l'inhumation, mais seulement de rendre falcutatives les incinérations. De plus, cette pratique ne changerait en rien les cérémonies actuelles de l'Eglise ; puis aucun dogme n'exige que les restes des morts, en se décomposant lentement, viennent compromettre la santé des vivants ; aucune idée religieuse ne s'oppose à ce que la transformation du corps en poussière, au lieu de durer des années, ne s'effectue de suite. Nous admettons l'embaumement, or, c'est là, bien plus que dans la crémation, que résiderait l'hérésie.

Quant au respect envers les morts, au culte de leurs restes, si facilement compris par celui qui a connu, pendant sa vie, l'homme de bien, dont la mort l'a séparé, nous ne voyons pas d'avantage en quoi l'incinération y porterait atteinte. Ce culte, les anciens le professaient comme nous, et ils ne croyaient pas être irrespectueux envers les leurs, en brûlant leurs dépouilles. D'ailleurs, est-ce bien respecter les morts, que de laisser les vers ronger les cadavres de ceux que nous avons aimés, et de confier à la terre le soin de faire son œuvre lente de décomposition. N'est-il pas plus logique de les brûler et de les arracher ainsi à ces horribles souillures. Et puis, où sont, aujourd'hui, tous ces champs de repos, toutes ces tombes élevées à ce prétendu respect envers nos morts : Que sont devenus les anciens cimetières de Paris ? L'histoire ne nous montre-t-elle pas les cendres de nos pères fouillées, leurs restes enlevés dans des tombereaux, comme on enlève les boues et les ordures de nos villes, pour faire place à nos rues et à nos marchés [1]. Voilà de quelle étrange et durable manière est assuré le respect des morts.

[1] C'est ainsi, que les ossements renfermés dans l'ancien cimetière des Innocents, à Paris, ont été pêle-mêle charriés dans des carrières abandonnées, où l'on a symétriquement tracé des allées, dans lesquelles on se promène un flambeau à la main, sans que pas un nom, une épitaphe, vienne réveiller les souvenirs. Des loustics y risquent dans les coins des plaisanteries obscènes, et le curieux s'en va frappant du bout de sa canne le crâne d'un général ou d'un savant peut-être, comme s'il s'agissait d'une potiche. C'est ce qu'on appelle visiter les catacombes.

Mais il existe, contre la crémation, une objection plus forte : les criminels y pourront trouver, a-t-on prétendu, une sécurité qu'ils ne rencontrent pas dans les procédés actuels d'inhumation, ce qui serait pour la société une source de dangers plus graves que l'insalubrité reprochée aux cimetières. Nous voulons parler de la recherhe et de la constatation des empoisonnements, qui bien souvent ne sont soupçonnés que longtemps après le décès. L'incinération, en effet, fait disparaître toute trace des poisons végétaux, c'est-à-dire des plus répandus, et en détruisant ainsi tout vestige du crime, elle assurerait l'impunité au coupable.

Il ne faut cependant pas s'exagérer la gravité de cette objection ; car l'inconvénient signalé serait considérablement atténué en ne permettant la crémation qu'autant que l'autopsie aurait été préalablement faite par un médecin délégué du parquet. Les traces de mort violente n'échapperaient alors que bien difficilement à l'homme de l'art : et la justice serait peut-être souvent mise en éveil par cette précaution et dans des cas où, sans elle, un crime aurait pu échapper. Au surplus, ce serait pour le gouvernement une occasion de veiller avec plus de sollicitude aux constatations mortuaires et d'éviter ainsi des enterrements précipités.

CHAPITRE V

RESTRICTIONS APPORTÉES A LA LIBERTÉ DES PARTICULIERS

Règlements de police. — Du choix et de la fixation de l'heure des obsèques.

La liberté des particuliers, pour régler les funérailles, est encore limitée par des ordonnances de police ou des arrêtés de l'autorité municipale.

C'est ainsi que des règlements du préfet de police, en date des 23 janvier 1838 et 6 septembre 1839, prescrivent que nulle incision ne devra être pratiquée sur les cadavres, pour embaumement ou autopsie ; que nulle empreinte et nul moule ne devront être appliqués sur le visage des défunts, avant le délai légal de vingt-quatre heures, et sans en donner avis à l'autorité locale, en justifiant de l'autorisation de la famille. Un représentant de la police municipale devra même assister à l'opération, pour la surveiller, et pour s'assurer si les disposition réglementaires ont été observées [1].

[1] Ces prescriptions qui veulent qu'on ne procède à une opération que 24 heures après le décès ne s'opposent-elles pas à la délivrance par incision, d'une femme morte en couches ? Non sans doute, et bien que nos lois soient muettes à cet égard, la question n'est plus discutée aujourd'hui. Telle était déjà la disposition de la loi romaine, (D. XI, 1-8), et Rousseau de Lacombe estimait que cette pratique devait être conservée en France. La Cour de Cassation (1er mars 1834), a d'ailleurs formellement admis que le fait d'avoir pratiqué, trois heures après le décès, l'opération césarienne, ne constituait pas une infraction aux lois et règlements. Le but de la loi est, en effet, de protéger la vie des individus, d'empêcher que des opérations qui peuvent être différées ne soient faites précipitamment sans motif. Mais, dans le cas qui nous occupe, ce serait évidemment aller contre ce but, que de temporiser, que de différer une opération qui n'a chance de réussir, qu'autant qu'elle est pratiquée dans le plus bref délai.

Relativement à cette question, on a prétendu, en s'appuyant sur les autorités ecclésiastiques, qu'après la mort de la mère, il y avait obligation religieuse de recourir à l'incision césarienne, à toutes les époques de la grossesse et qu'à défaut d'un homme de l'art, tout individu de l'un ou l'autre sexe, pouvait et même devait, toujours au point de vue théologique, pratiquer cette opération nécessaire à l'extraction de l'enfant, et sans laquelle celui-ci ne pourrait recevoir le sacrement du baptême qui doit être administré, selon la loi canonique, toutes les fois que le fœtus offre le plus léger signe de vie. La Cour de Cassation (1er mars 1834), a énergiquement repoussé cette prétention, et décidé que l'opération césarienne étant une grande opération chirurgicale, ne pouvait être pratiquée que par les docteurs. A moins de nécessité absolue, les officiers de santé et les sages-femmes qui y procéderaient, tomberaient sous le coup des articles 29 et 33 de

Quant aux choix de l'heure des obsèques, en principe, il doit être laissé à la famille ; mais, le maire a toujours un droit de contrôle et peut régler à son gré, soit la marche du convoi, soit le moment auquel il juge opportun d'y procéder. Le service des inhumations est, en effet, un service essentiellement municipal et pour la réglementation duquel le maire peut prendre tout arrêté que nécessitent les circonstances. Nous lisons cependant, dans la nouvelle loi municipale, art. 97 4° « *qu'il n'est pas permis d'établir des prescriptions particulières, à raison des croyances ou du culte du défunt, ou des circonstances qui ont accompagné sa mort.* » Cet article rend inutile la disposition du projet de loi sur la liberté des funérailles, ainsi conçue : « il ne pourra jamais être établi, même par voie d'arrêté, des prescriptions particulières, applicables aux funérailles, en raison de leur caractère civil ou religieux. » C'est qu'en effet, il s'agissait de délimiter ce droit du maire qui, il y a quelques années, a donné lieu à de si longs et si vifs débats, jusque devant l'Assemblée nationale et la Cour de Cassation.

la loi de ventôse, an XI ; et tout individu non médecin encourrait les condamnations portées par l'article 35 de la même loi ; c'est-à-dire, une peine pécuniaire, et en cas de récidive l'emprisonnement.

Nous voulons parler de l'arrêté du préfet du Rhône, M. Ducros, du 18 juin 1873, sur lequel il nous reste à nous expliquer. Voici les principales dispositions de cet arrêté :

Art. 1. — Toute déclaration de décès faite à l'officier de l'état civil, dans la ville de Lyon, sera accompagnée d'une autre déclaration faisant connaître si l'inhumation du décédé aura lieu avec ou sans la participation des ministres officiants de l'un des cultes reconnus par l'État.

Art. 2. — A moins de circonstances tout-à-tait exceptionnelles, dont le maire sera juge, les inhumations faites sans la participation d'aucun des cultes reconnus par la loi, auront lieu, savoir : à six heures du matin du 1er avril au 30 septembre ; à sept heures du matin du 1er octobre au 31 mars. Les autres heures du jour seront réservées aux autres inhumations.

Ce règlement souleva de vives réclamations : d'une part, il violait, a-t-on dit, le principe de la liberté de conscience; et d'autre part, toute formalité nouvelle, ajoutée aux prescriptions du Code Civil sur la matière, constituait une usurpation de l'autorité législative. « Indépendamment du droit écrit, l'esprit de la loi est « violé, s'écriait M. Le Royer, devant l'assemblée na- « tionale [1]. Par cet arrêté, vous placez le moribond ou

[1] *Officiel*, 25 juin 1873, p. 1166.

« sa famille entre la crainte d'une distinction infa-
« mante et d'une flétrissure morale. Vous mettez la
« famille entre un lâche respect humain et l'inexé-
« cution des volontés d'un mourant. Vous placez le
« mourant, en empoisonnant ses dernières heures,
« entre l'alternative de frapper, non-seulement sa
« mémoire, mais par suite du rayonnement, sa fa-
« mille elle-même, ou bien vous l'obligez d'affronter
« la flétrissure, vous le mettez en lutte avec lui-
« même : appelez-vous cela la liberté de conscience. »

Malgré les efforts de M. Le Royer, l'Assemblée nationale (*séance du 26 juin* 1873) et après elle la Cour de Cassation (24 *janvier* 1874) décidèrent que M. le préfet du Rhône n'avait pas excédé ses pouvoirs, parce qu'il n'avait en rien violenté la volonté des particuliers [1].

Quoi qu'il en soit, de semblables règlements ne sont plus possibles aujourd'hui, nous le répétons, car le législateur a pensé que s'il était du devoir de l'auto-

[1] Cependant, sur cette question du choix de l'heure des obsèques, des difficultés s'étaient déjà élevées en 1869, entre le pouvoir municipal et le clergé de Rouen. Désirant clore le débat, le ministre de l'intérieur, après s'être concerté avec le ministre des cultes, écrivait au préfet : « Que si les maires et curés ont un « droit d'intervention, ils ne sauraient cependant exercer ce droit « sans le concours, non seulement de l'administration des pompes « funèbres, mais encore des familles, dont les convenances doi- « vent être respectées. »

rité civile d'employer toutes les mesures pouvant assurer le bon ordre des convois mortuaires et d'éviter toute manifestation publique incompatible avec le caractère des cérémonies funèbres, il fallait cependant se garder d'infliger d'humiliantes conditions à la piété et au deuil des familles. Le pouvoir municipal doit donc le même respect et la même protection à tous les convois, sans distinction. S'il a le pouvoir d'intervenir, ce n'est que lorsqu'il y a lieu de craindre que la tranquillité publique ne soit troublée.

C'est dans cette même pensée, c'est dans ce même désir d'assurer le bon ordre, que le gouvernement s'est réservé dans les articles organiques joints au concordat, d'édicter, relativement à l'exercice du culte, des règlements généraux de police. Conçu dans cet esprit, l'article 45 de la loi du 10 germinal an X, porte : « *qu'aucune cérémonie religieuse n'aura lieu* « *hors des édifices consacrés au culte catholique, dans* « *les villes où il y a des temples destinés aux différents* « *cultes.* » Le décret du 23 prairial an XII, art. 18, vient confirmer ces dispositions. Ainsi, dans les communes où l'on professe plusieurs cultes, l'accompagnement solennel du corps, hors de l'Église, qui constitue une cérémonie du culte extérieur, est interdit. Le législateur a voulu par là éviter toute occasion de conflit, entre les partisans de différentes religions. Mais en fait, comme les rites de tous les cultes reconnus par l'État admettent la présence de l'officiant, dans le convoi mortuaire; même dans les communes où les processions extérieures sont rigoureusement interdites, la présence du ministre du culte et la cérémonie religieuse sont tolérées par les autorités locales et ne suscitent jamais aucun trouble. Ce n'est là qu'une tolérance, nous le répétons, mais comme elle ne donne naissance à aucun abus, ni à aucune réclamation, il n'y a pas lieu de demander une plus rigoureuse application de la loi, au risque de froisser sans profit les sentiments du plus grand nombre, sentiments éminemment respectables d'ailleurs, puisqu'ils ont pour objet le respect et le culte des morts.

Nous avons ainsi épuisé la série des restrictions apportées, soit par la loi civile, soit par la loi religieuse, à la volonté du défunt. Connaissant les conditions auxquelles sont soumises les sépultures, il nous reste encore à traiter du lieu même de l'inhumation, ce qui nous amène à parcourir la législation des cimetières.

CHAPITRE VI

DES CIMETIÈRES

Section I

§. I. — *Historique.*

De tout temps, les peuples policés, reportant sur les tombeaux le respect, que leur inspirait la mort, ont consacré et regardé comme des asiles inviolables, les lieux où se consument les dépouilles des trépassés. Chez les anciens, on comparait la mort au sommeil, et dans le langage allégorique des poètes, elle en était la sœur ; c'est de là que vient le nom de cimetière, (κοίμητηριον dortoir) donné aux lieux destinés à la sépulture publique. Le christianisme, en effaçant les croyances de la fatalité, et en promettant aux hommes l'immortalité, ne fit qu'exalter et agrandir, dans les âmes, ce sentiment de respect pour les tombeaux. L'usage de célébrer les mystères sacrés dans les catacombes, sur le corps des martyrs, fit naître chez les fidèles le désir de partager la demeure terrestre des saints. On crut que la vertu des lieux consacrés au culte et celle des sacrifices avaient de plus près une action plus puissante. Des chapelles et des temples s'élevèrent sur les lieux où avaient été inhumés les martyrs; mais longtemps il fut défendu d'enterrer aucun corps auprès de leurs tombeaux. Cependant, le désir toujours croissant des chrétiens d'y avoir une place, et parfois même l'esprit delucre aidant, les ministres du culte ouvrirent à grands frais, dans leurs églises, des sépultures, à ceux qui pouvaient largement payer cette faveur. On croyait, en ceci, loger les morts plus près du ciel. Chaque Église se vit remplie de monuments funèbres, leurs souterrains devinrent des catacombes, et comme l'avidité croissait avec les richesses, les temples se changèrent bientôt en charniers infects. Des plaintes s'élevaient de tous côtés, contre ces abus, lorsque, par un mandement resté célèbre, en 1775, l'archevêque de Toulouse interdit toute inhumation dans les églises de son diocèse: le parlement s'empressa d'homologuer son ordonnance qui fut bientôt suivie de là déclaration du 10 mars 1776, générale pour tout le royaume.

Cette déclaration, moins rigoureuse que l'ordonnance épiscopale, défendait l'inhumation dans les églises « *d'aucune personne ecclésiastique ou laïque,* « *de quelque qualité, état et dignité qu'elle puisse être,* « *à l'exception des archevêques, évêques, curés, patrons* « *des églises et hauts justiciers ou fondateurs de cha-* « *pelle, sous quelque cause que ce soit.* »

C'était un premier pas dans la voie du progrès ; mais le motif qui avait dicté cette déclaration, c'est-à-dire le danger que présentait pour la santé publique cette accumulation des morts dans les temples, se révélait tout aussi manifeste pour les cimetières placés au centre de populations nombreuses. Les enclos de l'Église servaient, en effet, à la sépulture de la multitude qui ne pouvait payer sa place à l'intérieur du lieu saint. Chaque paroisse avait un champ plus ou moins étendu, consacré selon les rites, et affecté aux inhumations. Mais, plus les villes allaient s'agrandissant, plus les emplacements, servant de cimetières publics, devenaient hors de proportion avec la population. Alors l'insuffisance de leur local fit mieux sentir tous les inconvénients de leur usage, et différents arrêts du Parlement de Paris cherchèrent à remédier au mal, en créant de nouveaux cimetières en dehors des villes.

Nous citerons notamment l'arrêt de règlement du 21 mai 1765 défendant, pour l'avenir, toute inhumation dans les cimetières alors existant à Paris. « *Il* « *sera choisi*, dit la Cour, *hors la ville, sept ou huit* « *terrains où devront être transportés tous les corps.* » On laissait aux paroisses toutes facilités pour l'acquisition de ces emplacements qu'on devait enclore de murs de dix pieds d'élévation et qui ne pouvaient renfermer : « *qu'une chapelle de dévotion et un logement de concierge.* » Ainsi encore la déclaration de 1776 prescrivait que les cimetières qui se trouveraient insuffisants pour contenir les corps des fidèles seraient agrandis. Ceux qui, placés dans l'enceinte des habitations, pourraient nuire à la salubrité de l'air, devaient être portés hors de ladite enceinte, en vertu des ordonnances des archevêques ou évêques diocésains. Les juges du lieu, les officiers municipaux et les habitants étaient tenus d'y concourir, chacun en ce qui les concernait.

Malheureusement ces prescriptions, si sages et si utiles, ne furent point mises en vigueur ; elles innovaient beaucoup trop, pour recevoir une prompte exécution, et seul, le cimetière des Innocents, à Paris, fut fermé en 1785. Ce ne fut qu'après la Révolution par le décret du 23 prairial an XII, que l'établissement des cimetières fut désormais formellement interdit dans l'intérieur des villes.

§. II. — *Des cimetières publics.*

Basé sur cette pensée libérale que le riche doit payer pour le pauvre, le décret de prairial an XII peut être considéré, à bon droit, comme le premier monument législatif qui ait été promulgué sur les sépultures. Outre les difficultés que présentait un travail de cette importance, il devait forcément se ressentir du trouble de l'époque dans laquelle il fut élaboré ; aussi verrons-nous que de nombreuses lois sont venues et viennent encore, chaque jour, en corriger les lacunes et les imperfections, au fur et à mesure qu'elles se manifestent avec la pratique. Ce décret n'en reste pas moins la loi organique sur notre sujet, et c'est à lui que l'on devra toujours s'en référer à défaut de textes législatifs plus récents.

Le législateur de l'an XII renouvelle tout d'abord l'interdiction de faire des sépultures dans les églises, les hospices et les hôpitaux, et s'occupe de l'établissement des nouveaux cimetières. Les dispositions du décret de prairial, en cette matière, sont en partie calquées sur la déclaration du roi du 10 mars 1775 et en partie inspirées des diverses lois qui furent promulguées ou projetées sous la Révolution. « Il y aura, dit l'art. 2, hors de chacune des villes ou bourgs, à la distance de trente-cinq à quarante mètres au moins de leur enceinte, des terrains spécialement consacrés à l'inhumation des morts. » Notons que cette prescription a été étendue à toutes les communes par une ordonnance du 6 décembre 1843.

Il ressort de ces textes qu'en principe, chaque commune doit avoir son cimetière spécial; cependant, en fait, on tolère souvent la réunion de plusieurs communes, pour établir un cimetière unique. Rien ne s'oppose non plus, à ce qu'une municipalité de peu d'importance vienne placer son cimetière sur le territoire d'un bourg ou village voisin, au cas où elle ne trouverait pas d'emplacement convenable sur le sien. Sans entrer ici dans les détails de la police des lieux de sépulture, il nous faut noter que, dans ces circonstances, le droit de contrôle attribué au maire de la commune propriétaire du cimetière est restreint au service des inhumations. La juridiction municipale reste tout entière dévolue au maire de la commune du lieu; c'est-à-dire qu'en cas de désordre ou de crime qui viendrait à s'y commettre, c'est ce dernier magistrat qui devrait intervenir pour verbaliser et provoquer les poursuites nécessaires.

Si le décret de prairial et l'ordonnance du 6 décembre 1843 ont prescrit en principe la translation des cimetières établis au milieu des habitations, il est à remarquer qu'ils n'ont fixé aucun délai pour cette opération. Aussi les communes sont-elles libres de de n'appliquer la règle nouvelle qu'au fur et à mesure que l'urgence s'en fait sentir ; l'administration restant d'ailleurs chargée d'apprécier les cas.

Mais il peut arriver que le préfet juge la translation nécessaire, alors que l'administration locale en conteste formellement l'utilité. Dans ce cas, la nécessité de la translation doit être établie « par un rapport circonstancié d'hommes de l'art ; » c'est sur ce rapport, et après que le conseil municipal en a délibéré que le préfet prend un arrêté pour déclarer qu'il y a lieu de supprimer l'ancien cimetière. Avant de déterminer le nouvel emplacement, on doit procéder à une enquête *de commodo et incommodo*, portant uniquement sur le choix du terrain; car la destination nouvelle de ce terrain va imposer aux propriétés avoisinantes de lourdes servitudes. Nul ne peut, en effet, aux termes du décret du 7 mars 1808, ni élever aucune habitation, ni creuser aucun puits sans autorisation, à moins de cent mètres des nouveaux cimetières : les bâtiments déjà existant ne peuvent être restaurés ou augmentés, qu'avec une permission spéciale[1] ; enfin les puits déjà construits peuvent être

[1] Remarquons que ces défenses de bâtir et de creuser à moins de cent mètres ne s'appliquent pas aux anciens cimetières qui n'ont pas été transférés.

comblés après une visite contradictoire d'experts. Après cette enquête, le préfet prend un nouvel arrêté, le conseil municipal entendu, pour déterminer l'emplacement définitif du cimetière.

En résumé, dans toute translation de cimetière nous trouvons : une demande ; deux délibérations du conseil municipal, l'une sur la suppression du cimetière déjà existant, l'autre sur l'emplacement du nouveau; un procès-verbal d'enquête ; un rapport d'experts en cas de contestation et deux arrêtés préfectoraux.

Il peut se faire que le propriétaire dont le terrain est désigné pour servir, à l'avenir, aux inhumations, refuse de céder son bien ; il y aura lieu alors à expropriation pour cause d'utilité publique. Mais dans ce cas, il est indispensable de produire, à l'appui du procès-verbal d'enquête, un certificat du maire et du commissaire enquêteur, attestant qu'il n'existe, sur la commune, aucun autre emplacement également convenable, et dont le propriétaire consentirait à la cession amiable.

« *Aussitôt que les nouveaux emplacements seront dis-* « *posés à recevoir les inhumations*, dit l'art. VIII du dé- « cret de prairial, *les cimetières existants seront fer-* « *més et resteront dans l'état où ils se trouveront, sans* « *que l'on en puisse faire usage pendant cinq ans.*

Art. 9. — « *A partir de cette époque, les terrains*

« *servant maintenant de cimetières pourront être affer-*
« *més par les communes auxquelles ils appartiennent,*
« *mais à condition qu'ils ne seront qu'ensemencés ou*
« *plantés, sans qu'il puisse y être fait aucune fouille*
« *ou fondation pour la construction de bâtiment, jus-*
« *qu'à ce qu'il en soit autrement ordonné*[1]. »

[1] Il ressort de ces textes que les ossements renfermés dans les anciennes tombes doivent être laissés dans le sol, ou transportés, s'il s'agit des concessions perpétuelles, de l'ancien cimetière dans le nouveau, mais en restant toujours loin de tous regards. — A cette règle cependant, nous devons signaler une curieuse exception que nous trouvons relatée dans un mémoire de M. Ducrocq sur certains usages funéraires dans l'ouest de la France, (mémoire lu au congrès des sociétés savantes à la Sorbonne, le 18 avril 1884.
« En Bretagne, y lisons-nous, au temps où nous vivons, on expose les anciens ossements, sous des portiques ou des arcades, comme jadis aux Saints-Innocents de Paris, ou sous des porches à la porte des églises, ou le plus souvent dans le cimetière, dans des caveaux placés sous des édicules d'architectures diverses. La disposition des ossements y est variable aussi ; mais d'ordinaire ils sont placés pêle-mêle, et toujours ils sont exposés aux regards, principalement dans des caveaux ouverts. L'existence de ces ossuaires ou charniers est générale en Bretagne.

« L'exiguïté des cimetières bretons qui fréquemment encore entourent l'église, et la nécessité de faire place aux nouveaux arrivants dans le champ de repos, semblent avoir été la cause de ces antiques ossuaires. C'est la même question que les catacombes ont autrement résolue à Paris. Le sombre génie de la Bretagne a préféré la solution qui met les restes des morts et l'œil des vivants, en ce plus direct et continuel contact, soigneusement évité de nos jours dans les autres parties de la France.

« Bien plus, lorsque l'heure est venue, après cinq ans ou un

Ce n'est qu'après un nouveau délai de cinq années que le préfet donne cette autorisation ; ce qui porte à dix ans, ainsi que l'avait déjà prescrit la loi du 15 mai 1791, le délai pendant lequel les cimetières doivent conserver leur caractère spécial. Mais rien ne s'oppose à ce qu'ils soient vendus ou affermés, pourvu que le fermier ou acquéreur se conforme aux prescriptions de la loi (*avis du Conseil d'État* 13 *nivôse an XIII.*) Si l'ancien cimetière entourait l'église, l'aliénation ou l'échange ne pourrait se faire qu'en réservant, autour de cette église, de l'air, du jour, une libre circulation et des communications faciles (*rapport min. des cultes*, 1er *octobre* 1806.)

plus grand nombre d'années, pour une tombe déjà occupée du cimetière, de faire place à une dépouille nouvelle et de transporter au charnier commun les ossements du précédent occupant, sa famille est admise, dans certaines communes, à en recueillir le crâne et à le placer dans un petit coffre en bois. — L'usage de ces boîtes appartient à la partie armoricaine de la Bretagne ; il est pratiqué dans le département des Côtes-du-Nord et surtout dans celui du Finistère. Il paraît même que l'autorité eût provoqué des émeutes en voulant l'interdire.

« Même dans les communes où, par suite de la création de nouveaux cimetières, toutes les places ne sont pas encore prises, il est facile de constater, en les interrogeant, que les habitants se proposent, comme un droit sur l'exercice duquel ils comptent absolument, de recueillir plus tard, de la même manière, tout ou partie des ossements de leurs morts. »

§. III. — *Des sépultures privées.*

La législation sur les sépultures ne permet pas la création de cimetières privés, le décret de prairial, article 14, reconnaît seulement le droit de se faire inhumer sur sa propriété, « *pourvu que ladite propriété, soit hors et à la distance prescrite de l'enceinte des villes ou bourgs.* » Cette faculté, selon la jurisprudence de la Cour de Cassation est subordonnée à l'autorisation du maire qui peut défendre toute inhumation, ailleurs que dans le cimetière public. Un arrêt de la chambre criminelle du 14 avril 1838, rendu sur les conclusions de M. le procureur général Dupin, ne laisse aucun doute à cet égard.

« Ce n'est pas seulement à la police et à la surveillance des administrations municipales, concluait ce magistrat, que toutes les sépultures sont soumises, c'est encore à leur autorité. Et, en effet, le droit d'avoir une sépulture particulière n'est pas plus puissant que le droit d'avoir une sépulture commune, et pour l'une comme pour l'autre, il faut l'intervention de l'autorité... En vain, dirait-on que le droit d'inhumer où bon semble, appartient à chacun, sauf à l'autorité à intervenir en cas d'inconvénients pour réprimer l'abus et faire exhumer... Lorsqu'il s'agit de mesures de salubrité, il est du devoir de l'autorité d'empêcher le mal qu'elle est souvent impuissante à réprimer, et il faut bien le reconnaître, c'est surtout en ces matières qu'il vaut mieux prévenir que réprimer... *Melius est intactam causam servare quam post vulneratam remedium quærere*[1]. »

Maintenant cette jurisprudence, la Cour de Cassation, par un nouvel arrêt, en date du 11 juillet 1856, décida que l'article 16 du décret du 23 prairial an XII, en soumettant les lieux de sépulture non pas seulement à la police et à la surveillance, mais textuellement à l'autorité des administrations municipales, conférait implicitement aux maires le droit de réglementer ces inhumations et même de les interdire[2].

Cette solution cependant n'a pas été acceptée par la plupart des auteurs qui se sont occupés de la matière. MM. Vuillefroy et Monnier[3], Foucart[4], Champagny[5], enseignent, au contraire, que tout propriétaire a le droit de se faire inhumer sur sa propriété, sans autorisation, pourvu que ladite propriété se trouve à la distance prescrite par les règlements. Or,

[1] Dalloz, 1838, 1-439. — Sirey, 1838, 1-459.
[2] Dal. 1856, 1-431. — Sir. 1856, 1-842.
[3] Principes d'administration, page 63.
[4] Dr. admin. t. III, n° 1688.
[5] Police municip. t. II, p. 584.

il nous faut bien le reconnaître, cette doctrine semble plus conforme au texte même de la loi. N'est-ce pas, en effet, le modifier singulièrement, que de dire que le droit n'existe qu'autant que l'administration a préalablement donné son autorisation, alors que le législateur n'avait mis qu'une condition à l'exercice de ce droit, celle-ci : « pourvu que cette propriété « soit hors et à la distance prescrite de l'enceinte des « villes ou bourgs. » Qu'est-ce donc que ce droit dont on ne peut user qu'avec la permission de l'autorité ? Ne semble-t-il pas que l'on soit tombé dans une confusion, entre le fait de l'inhumation qui ne peut exister sans une déclaration préalable du décès, sans une permission d'inhumer, et le lieu où cette inhumation peut être opéré, laissé, concédé même formellement par la loi, au choix des intéressés, à cette condition qu'elle indique qu'il soit situé sur leur propriété ? L'intervention de l'administration devrait donc se borner, nous paraît-il, au cas où l'intérêt public serait lésé par l'exercice de ce droit que donne aux particuliers l'article XIV du décret de prairial[1].

[1] Cette interprétation nous paraît d'autant plus acceptable, que dans certaines parties de la France, en Poitou par exemple, cette autorisation, exigée par la jurisprudence, n'est jamais demandée. — L'usage des sépultures privées est, en effet, extrêmement ré-

Toutefois il ne faut pas exagérer la pensée du législateur, et c'est avec raison, croyons-nous, que la Cour de Cassation a décidé, par un arrêt du 24 janvier 1846, que l'emplacement de quelques mètres acquis par un individu pour s'y faire inhumer, n'est pas, dans le sens de l'article 14, la propriété privée où cet article veut que toute personne puisse se faire enterrer.

pandu dans toute une partie des départements des Deux-Sèvres et de la Vienne, et chose digne de remarque elles appartiennent toujours à des familles protestantes. Dans ces contrées, on voit, au milieu des champs, d'étroits espaces, environnés de murs, au dessus desquels parfois émergent des cyprès. On voit aussi, le plus souvent sur le bord des chemins, des pierres tombales avec un nom, sans mur de clôture. Souvent encore il n'y a qu'un tertre de terre, où l'herbe pousse en liberté. Sans sortir des bourgs et des villages, dans les jardins, dans les vergers, près des maisons, on voit partout des sépultures. Ce fait se produit presque toujours là où il y a des centres protestants importants.

M. Ducrocq à qui nous empruntons ces détails, fait, dans son mémoire, remonter l'origine de cet usage aux sépultures au Désert, au temps des persécutions ; avec cette différence qu'aucun signe extérieur ne révélait jadis, dans les champs et les bois, l'existence de ces tombeaux, lorsqu'ils n'étaient pas cachés dans les caves des maisons.

Il est à remarquer que la loi du 15 novembre 1881, qui, dans toute la France, a fait tomber les haies, fossés et murs séparatifs entre les champs de repos des diverses religions, n'a apporté aucun changement à ces traditions. La proportion des inhumations en cimetières de famille est demeurée la même, depuis comme avant la loi de 1881.

(Voir le mémoire déjà cité de M. Ducrocq.)

En reconnaissant aux particuliers le droit individuel de se faire inhumer sur leur propriété, le décret n'a point non plus entendu autoriser la création de véritables cimetières, et le maire ne pourrait pas, par voie d'autorisation générale, permettre d'inhumer dans une propriété, tous les propriétaires par indivis du terrain, (*avis du conseil d'Etat 4 juil.* 1832). C'est ainsi que les congrégations religieuses n'ont pas le droit d'établir un cimetière particulier pour leurs membres. Cependant une décision ministérielle, en date du 1er octobre 1851, reconnaît aux maires le droit de permettre, sur une demande présentée à chaque décès, l'inhumation individuelle des religieux ou religieuses, dans un même terrain, situé hors et à la distance légale de l'enceinte de la commune.

Dans toutes ces circonstances, la jurisprudence admet que devant le refus d'autorisation, ou peut en appeler du maire au préfet, et du préfet au ministre.

Nous en aurions fini avec ce sujet des sépultures particulières, si nous ne nous trouvions ici en présence d'une exception, admise par l'usage, aux règles du décret de l'an XII, et dont nous devons dire quelques mots. Malgré les termes bien formels de la loi, portant prohibition absolue d'enterrer dans les églises, suivant une ancienne coutume, et d'après des précédents qui remontent à une décision impériale de 1808, une exception est faite en faveur des archevêques et des évêques. La pratique administrative admet, en effet, que chacun de ces prélats peut être inhumé dans sa cathédrale, en vertu d'une autorisation particulière du souverain et demandée après décès. Cette exception, sur laquelle nous n'avons pas à insister, a été confirmée par l'article 34 du décret du 3 février 1851, concernant les évêques des colonies.

Rappelons, en terminant, que l'église de Saint-Denis et la chapelle de Dreux ont été affectées à la sépulture des membres des familles royales et impériales, et qu'à diverses époques, le Panthéon dut recevoir les restes des grands hommes.

§. IV. — *De la propriété des cimetières.*

Après avoir réglé les conditions d'établissement des lieux de sépulture, le décret de prairial les soumet à à l'administration et à la surveillance des officiers municipaux. « *Les lieux de sépulture, soit qu'ils appartiennent aux communes, soit qu'ils appartiennent aux particuliers, sont soumis à l'autorité, police et surveillance des administrations municipales.* » C'est, qu'en effet, les cimetières appartiennent aux communes; on n'en saurait douter, puisqu'ils sont établis, clos et entretenus à leurs frais.

Ce droit de propriété de communes sur les cimetières, au moins sur ceux créés depuis 1789, est tellement dans l'esprit du décret de prairial, qu'il accorde aux municipalités, sur les lieux destinés aux sépultures, des droits inhérents à la propriété (*art.* 7. *et* 9); qu'en outre, le même décret, dans son article 11 et la loi du 18 juillet 1837, art. 31, n° 9, attribuent aux communes le prix des concessions dans les cimetières. On est généralement d'accord sur ce premier point; mais la question est plus délicate, et prête plus à la discussion, à l'égard des cimetières dont l'établissement est antérieur à 1789. Ainsi, l'on a soutenu[1] que les cimetières, autrefois biens ecclésiastiques, et appartenant aux paroisses, n'avaient point été confisqués pendant la Révolution, puisqu'aucun texte ne s'en occupe; que, par conséquent, les fabriques, lors de leur rétablissement, les avaient repris, au même titre, que tous leurs anciens biens non aliénés par l'État.

Avant tout, nous ferons observer, que si en 1789 les fabriques pouvaient être propriétaires des cimetières, il n'en était pas toujours ainsi. Tantôt ce droit de propriété leur appartenait, mais tantôt aussi, il apparte-

[1] V. Affre.

nait aux communautés d'habitants. Nous en avons la preuve dans plusieurs textes de l'ancien droit:

L'article 22 de l'ordonnance de 1695, porte, en effet, ces mots : « La clôture des cimetières sera entretenue par les habitants des paroisses. »

L'article 8, de l'édit de mars 1776, permet aux villes et communautés d'habitants d'acquérir les terrains nécessaires pour de nouveaux cimetières.

Le célèbre arrêt de règlement du 21 mai 1765, après avoir défendu de pratiquer aucune inhumation dans les cimetières, alors existants dans l'intérieur de Paris, ajoute que la dépense à faire pour l'acquisition des terrains où devront, désormais, avoir lieu les inhumations, sera supportée par les habitants.

Outre ces documents législatifs, il est incontestable que lors de la Révolution, les cimetières, dépendant des églises, suivirent le sort des édifices religieux et furent mis à la disposition de la nation. Or, lorsque par l'arrêté du 7 thermidor an XI, le premier consul restituait aux nouvelles fabriques le patrimoine des églises, il en exemptait tous les biens qui avaient été aliénés par la Révolution ; et si les cimetières n'avaient pas été vendus, ils avaient du moins été affectés aux communes.

En outre, il y avait une restriction notable apportée aux restitutions faites aux fabriques : c'était la nécessité de l'envoi en possession exigé par un avis du conseil d'Etat, du 30 janvier 1807. Cet avis n'admet même pas la distinction proposée par Carré[1], qui pense que les fabriques sont de plein droit propriétaires des biens restitués et que l'envoi en possession ne leur est nécessaire que pour les autres espèces de biens.

De plus, l'arrêté du 7 thermidor ne visait que les biens productifs de revenus, car son but était de faire cesser l'état de vassalité des fabriques à l'égard des communes ; jusque-là, en effet, elles n'avaient, comme unique ressource, que l'allocation volontaire des municipalités. Nous en avons la preuve dans ce fait ; que l'on jugea nécessaire de publier un décret spécial du 30 mai 1806, pour ajouter aux biens restitués aux fabriques, les églises et les presbytères des paroisses supprimées.

Telle a toujours été, du reste, l'opinion de la jurisprudence qui, parfois même, alla jusqu'à considérer les fabriques comme ne pouvant pas être propriétaires des cimetières. C'est ainsi que le conseil d'état leur refusa l'autorisation d'accepter des dons et legs de terrains destinés à servir aux inhumations[2].

[1] Carré, n° 256.

[2] Décision minist. 1859, Bullet. off., p. 31.

— En fait cependant, il peut arriver que les fabriques soient ainsi devenues propriétaires en vertu d'autorisations accordées avant que la jurisprudence ne fût fixée. La présomption de propriété est toujours en faveur des communes ; mais elle doit céder devant des titres authentiques d'acquisition ou de donation que produirait une fabrique paroissiale ou tout autre éblissement. Dans ce cas, la fabrique qui justifierait d'une autorisation régulière, serait propriétaire du cimetière; mais, suivant deux avis du conseil d'état des 26 octobre 1825 et 15 mars 1833, la commune devrait être invitée à s'entendre avec l'établissement religieux et à lui rembourser le prix d'estimation de terrain, afin de s'en assurer la propriété.

Si des difficultés s'élèvent sur ce droit de propriété, la contestation sera portée devant les tribunaux civils, au cas où les parties invoqueraient des titres privés, comme un acte d'acquisition ou une donation; elle sera, au contraire, déférée au conseil d'état, s'il s'agit d'interpréter ou d'appliquer les actes de restitution ou de concession, faits par l'Etat.

Ajoutons, enfin, que nul ne saurait acquérir par prescription la propriété d'un terrain consacré aux sépultures publiques ; car les cimetières font partie des biens classés comme étant hors du commerce. (*Cassation* 10 *janvier* 1844.)

§. V. — *Produits du cimetière.*

Propriétaire du cimetière, la commune est, depuis la loi municipale du 5 avril 1884, propriétaire de tous ses produits. L'article 133 §. 9 de cette loi, porte, en effet, que les produits des terrains communaux, affectés aux inhumations, appartiendront à la commune. Il y a dans cet article une innovation importante et un progrès réel ; car jusqu'en ces derniers temps, les produits des terrains destinés à la sépulture se partageaient entre les municipalités et les fabriques, et donnaient lieu à de fréquents conflits. Aux fabriques, en effet, étaient attribués (décret du 30 décembre 1809 article 36 §. 4) les produits spontanés des cimetières ; et des contestations s'élevaient sur le point de savoir quels étaient ces produits spontanés. Nous n'entrerons pas dans le détail de ces questions désormais sans intérêt ; rappelons seulement que les difficultés se présentaient au sujet des arbres croissant sans culture, ainsi qu'à propos des pierres sépulcrales et de tous objets placés sur les tombes, lors de l'expiration des concessions ou de la translation des cimetières.

Dans le cas où, par extraordinaire, la commune ne serait pas propriétaire du sol, les fruits et les produits, ainsi que le prix des concessions[1], ne continueraient pas moins à lui être dévolus ; car la destination même du terrain écarte les effets ordinaires de la propriété ; et les plantations que l'on y peut faire, relèvent non d'une idée de spéculation, mais bien d'une idée de police. Or, les communes ont seules, et peuvent seules avoir la police des cimetières ; et cette police, à n'en pas douter, s'étend même aux cimetières dont le terrain appartient à la fabrique. Mais au contraire, si le cimetière a été supprimé, c'est-à-dire, si les inhumations ont cessé d'y être opérées, alors le droit de propriété de la fabrique reçoit ses effets ordinaires. A elle appartient, désormais, d'effectuer les plantations qu'elle jugera nécessaires ; à elle de percevoir tous les fruits et produits ; à elle d'affermer le terrain lorsqu'il se sera écoulé cinq années depuis la cessation des inhumations, ou de le vendre en se conformant aux conditions exigées par les lois et règlements.

En attribuant aux fabriques cette source de revenus, le décret de 1809, article 37, avait en compensation mis à leur charge, l'entretien des cimetières ; les

[1] En ce qui concerne les concessions, cela ressort directement de la loi du 17 juil. 1837, art. 31 et des lois de finance qui, chaque année, ont consacré la perception de cette recette communale.

deux choses étant considérées comme corrélatives. On était donc en droit de s'attendre à ce que la nouvelle loi municipale, conférant aux communes tous les produits des cimetières, vînt décharger les fabriques du soin de leur entretien. Et cependant, par suite d'une omission, involontaire sans doute, la loi de 1884 maintient en vigueur l'article 37 du décret de 1809. Mais nous sommes convaincus que cette situation n'ayant plus de raison d'être, sera modifiée tôt ou tard ; car, puisque la fabrique n'a plus ni la propriété, ni l'usufruit, ni la location du cimetière, il est contraire, aux règles du droit commun et de l'équité, de lui faire payer des frais d'entretien que la loi civile n'impose qu'aux propriétaires, usufruitiers ou locataires, selon les circonstances.

§. VI. — *Des concessions de terrains.*

Outre les produits naturels du sol, la commune a encore une source importante de revenus, dans ce que l'on appelle les concessions. Propriétaire des terrains consacrés aux sépultures, elle les vend, les loue ou les prête ; et c'est là ce qui constitue les concessions perpétuelles, les concessions temporaires et les inhumations gratuites. En principe, tout individu a droit à un emplacement gratuit dans le cimetière public ; et la durée de cette concession est de cinq ans : « *En conséquence, les terrains destinés à former* « *les lieux de sépulture, seront cinq fois plus étendus* « *que l'espace nécessaire pour y déposer le nombre* « *présumé des morts qui peuvent y être enterrés chaque* « *année.* » (*art.* 6. décret de prairial au XII). Mais chaque particulier reste libre de s'assurer une concession de durée plus longue. Moyennant une somme déterminée, la commune peut, en effet, lorsque l'étendue des cimetières le permet, faire des concessions pour des sépultures particulières ou de famille et pour construire des caveaux, monuments et tombeaux (*art.* 10).

Bien que les communes soient toutes portées à consentir ces concessions qui sont pour elles une source de revenus, il est, hors de doute, qu'il n'y a là qu'une simple faculté, et, qu'en aucun cas, ni les particuliers, ni l'autorité supérieure ne sauraient les contraindre à établir dans les cimetières des concessions particulières.

Dans le principe, ces concessions n'étaient accordées qu'à ceux « qui offraient de faire des fondations « ou donations en faveur des pauvres et des hôpitaux « indépendamment d'une somme donnée à la com- « mune. Ces donations et fondations étaient alors di- « rectement autorisées par le gouvernement, dans

« les formes accoutumées, sur l'avis des conseils mu-« nicipaux et sur la proposition des préfets » (*art.* 11). Aujourd'hui, les concessions sont régies par l'ordonnance du 6 décembre 1843[1] qui les réglemente à nouveau et les divise en deux catégories ; concessions perpétuelles, concessions temporaires. Ces dernières se subdivisent en concession trentenaires, et concessions

[1] A cette époque, le gouvernement voyait avec assez peu de faveur les concessions perpétuelles, une circulaire du ministre de l'intérieur avait même consulté les conseils généraux sur leur suppression, et bon nombre d'entre eux avait donné un avis favorable ; mais le conseil d'état s'opposa formellement a cette mesure.

« Ma circulaire du 20 juillet 1841, avait, entre autres questions, « posé celle de la suppression, pour l'avenir, du système des « concessions perpétuelles. Bien que des considérations puissan-« tes, qui ont été appréciées par un grand nombre de conseils « généraux, parussent justifier cette mesure, au point de vue de « l'intérêt purement administratif, des raisons d'un autre ordre, « mais non moins graves, et dont je n'ai pu me dissimuler la « valeur, ont porté le conseil d'état à proposer le maintien du « principe de la perpétuité. J'ai dû me ranger à son avis. Quelle « que soit l'idée que l'on se fasse du caractère de la perpétuité « par rapport aux choses d'institution humaine, il faut reconnaî-« tre que dans une matière aussi délicate, les habitudes et les « sentiments ont leur empire, auquel l'administration ne saurait « se soustraire ; or, on ne pouvait admettre l'innovation proposée, « sans contrarier un usage consacré par la piété des familles et « sanctionné par le temps, et sans porter atteinte, sinon à des « droits acquis, du moins à un sentiment public digne de « respect. »

(*Circulaire minist. intér. du* 30 décembre 1843).

temporaires proprement dites, dont la plus longue durée est de quinze ans et ne peut pas être renouvelée. Les concessions trentenaires sont, au contraire, renouvelables à l'expiration de chaque période, moyennant l'acquit d'une redevance qui pourra diminuer, mais jamais augmenter. A défaut du payement de cette redevance, les communes peuvent rentrer en possession du terrain, mais au bout de deux années seulement après le terme, afin qu'en cas de retard involontaire, le concessionnaire puisse encore, pendant ce temps, acquitter les droits de prorogation.

A l'expiration des concessions, les matériaux non réclamés, provenant des tombes et monuments, sont affectés aux communes, pour être employés à l'entretien et l'amélioration des cimetières. Mais, avant d'en prendre possession, l'administration municipale doit, au préalable, mettre les familles en demeure, par tous les moyens ordinaires de publicité, d'enlever, dans un délai fixe, les constructions existantes sur les terrains dont la concession est expirée[1].

L'ordonnance de 1843 maintient le double droit à payer par tout concessionnaire, en faveur de la commune et en faveur des établissements de bienfaisance. Elle alloue les deux tiers de la somme à la

[1] Même circulaire.

commune, et donne aux conseils municipaux le droit de proposer des tarifs présentant des prix gradués pour les trois classes de concessions ; tarifs qui devront être arrêtés par le préfet. Cette fondation en faveur des pauvres est essentielle, et c'est son absence qui rend parfois impossible l'acceptation par la commune d'une donation de terrain faite avec réserve d'une partie du sol pour la sépulture du donateur et de sa famille. Car cette donation n'est, bien souvent si l'on compare la valeur vénale du terrain avec le prix de la concession, qu'un moyen détourné pour se procurer une large concession, qu'on eût payé fort cher, d'autant plus qu'elle échappe à la nécessité d'une donation aux pauvres.

Les conditions auxquelles peuvent être acquises les concessions, ainsi que leur durée, ont seules été fixées par l'ordonnance qui nous occupe ; mais quant à la nature et à l'étendue du droit des concessionnaires, elles ne sont bien nettement déterminées ni dans les textes du Code, ni dans les lois spéciales. La jurisprudence décide généralement que les tombeaux de famille sont placés, ainsi que le sol sur lequel ils sont érigés, en dehors des règles ordinaires du droit sur la propriété et sur la libre disposition des biens.

Le mot seul de concession indique qu'il ne s'agit pas là d'une vente ; et le prix, moyennant lequel elle

peut être accordée, ne représente nullement la valeur vénale du sol, il la dépasse toujours, et n'est en réalité qu'une taxe municipale. Le terrain est cédé avec une affectation déterminée, et, même à titre perpétuel, la concession ne confère pas un droit réel de propriété en faveur du concessionnaire, mais simplement un droit de jouissance et d'usage avec affectation spéciale et nominative. Ce principe était clairement consacré par l'ordonnance de 1843, quand elle décidait que dans le cas de translation du cimetière, les concessionnaires n'avaient droit qu'au remplacement du terrain concédé, par un autre terrain d'une égale superficie, le transport des matériaux restant d'ailleurs à la charge de l'administration. Une preuve encore qu'il ne s'agit point ici d'une véritable aliénation de propriété, c'est qu'une aliénation ne pourrait avoir lieu sans que l'on ait rempli les formalités légales pour les actes de cette nature. Or, si l'acte de concession, passé dans la forme administrative, doit être soumis à l'enregistrement, nulle part la loi ne lui impose la nécessité de la transcription. L'administration de l'enregistrement avait bien dans le principe réclamé le droit de vente ; mais ses prétentions ayant été repoussées par la jurisprudence[1], elle distingue aujourd'hui les concessions perpétuelles

[1] V. D. 1867, 3-63.

qu'elle assimile aux baux à durée illimitée et qu'elle soumet à un droit de quatre pour cent ; et les concessions temporaires auxquelles on applique le tarif des baux à durée limitée, c'est-à-dire vingt centimes pour cent. Les concessions trentenaires sont rangées dans la première catégorie.

Cependant le droit du concessionnaire présente certains caractères inhérents au droit de propriété : ainsi une décision du ministre de l'intérieur[1] porte qu'on ne doit pas déplacer un monument funèbre dans un cimetière, pour la rectification d'un chemin d'accès, sans le consentement du propriétaire. Ainsi encore le conseil d'Etat admet (19 *mars* 1863) que le contrat de concession peut donner naissance à une action en garantie de la part du concessionnaire contre la commune et à une action en revendication de terrain contre tous usurpateurs. Dans l'espèce, il s'agissait d'un concessionnaire qui, se plaignant de l'empiètement commis par un concessionnaire voisin, réclamait l'intervention de l'administration municipale pour se faire rendre les quelques centimètres de superficie, dont il se prétendait injustement spolié. Le maire avait refusé d'user à cet effet de son pouvoir de police et le ministre de l'intérieur avait approuvé ce refus. Le conseil d'Etat, décidant que le

[1] Bull. 1861, n° 52.

ministre n'avait pas qualité pour statuer sur des questions de cette nature qui ne sont ni de la compétence de l'administration active, ni de celle de l'autorité contentieuse administrative, mais de celle de l'autorité judiciaire, reconnaissait par là que ces questions forment des questions de propriété.

Ainsi entendu, le droit du concessionnaire pourra-t-il être acquis par prescription ? en d'autres termes, une famille pourra-t-elle, en l'absence de toute concession, se prévaloir du séjour plus ou moins prolongé d'un de ses membres, dans un endroit réservé, pour affirmer son droit sur le terrain ? Nous ne le pensons pas, car, en principe l'inhumation dans un terrain réservé n'est pas admise, et suppose une tolérance de l'administration : d'un autre côté, il y a dans toute concession un acte de police, puisque l'intervention de l'autorité est nécessaire dans l'intérêt public afin que l'espace consacré aux sépultures ordinaires ne soit pas envahi ; or, contre les règlements de police, aucune prescription n'est possible. Au contraire, s'il ne s'agit que du payement de la somme exigée pour la concession, nous croyons la prescription parfaitement admissible.

En définitive, la concession d'un terrain, dans un cimetière, engendre au profit du concessionnaire des droits d'une nature toute particulière et qui ne sont pas sans analogie avec le *jus sepulcri* des Romains. Le but de la loi, en accordant des concessions, a été de permettre à tout individu de réunir auprès de lui, après la mort, ceux qu'il a aimés pendant sa vie ; aux yeux du législateur le droit sur le terrain concédé devait donc rester attaché à la personne ; il n'était point dans le commerce et ne pouvait faire l'objet d'aucune aliénation ou rétrocession à titre onéreux. La circulaire du 30 décembre 1843, que nous avons déjà eu l'occasion de citer, prend soin de recommander aux préfets d'empêcher que les terrains concédés « qui, dépourvus du caractère de la pro« priété, sont conséquemment inaliénables de leur « nature, soient l'objet de ventes et de transactions « particulières, comme on en a vu trop souvent des « exemples. »

Assurément le droit d'inhumation qui appartient au concessionnaire est transmissible à ses héritiers : c'était la disposition de la loi romaine, elle avait passé dans l'ancien droit français [1], et jamais le législateur moderne n'a dérogé à ce principe : mais la jurisprudence décide qu'une concession, quelle que soit son importance, ne peut être valablement transmise, ni en totalité, ni en partie, par le concession-

[1] Despeisse, I, tit. 13, 3, p. 328. — Henrys II, liv. I, ch. 3, 9, 42.

naire à un tiers, au moyen d'une donation entre vifs. (Lyon, arrêt du 4 février 1875[1].) Cependant un second arrêt de la même Cour, en date du 17 août 1880, admet que le titulaire peut rétrocéder, à des tiers, la concession non encore utilisée, lorsque cette rétrocession n'est interdite par aucune clause du contrat. Dans l'espèce, la Cour autorise même l'ayant-droit à céder une partie de la concession déjà utilisée, à un de ses parents : il est vrai que la concession avait été faite « pour le concessionnaire et sa famille. »

En résumé, dans la majorité des cas, le droit du concessionnaire se réduit aux trois facultés suivantes, qui nous viennent directement du droit romain : 1° celle de se faire inhumer lui-même ; 2° celle de permettre, de son vivant, que les personnes qu'il désire y faire inhumer, y prennent place ; 3° celle de désigner par testament les continuateurs de son droit. Si, avant de mourir, le concessionnaire ne prend aucune disposition sur ce point, le tombeau de famille appartiendra à ses héritiers, dans la proportion de leur part héréditaire : par suite, chaque cohéritier aura le droit d'y faire inhumer les siens, sous la double condition de se conformer aux pres-

[1] Sir. 1877, 2, 35.

criptions de l'autorité et de respecter le droit de ses cohéritiers (Trib. de la Seine, 23 décembre 1856.)

Mais, comme tous les biens voués, par leur nature, à une utilité commune, le tombeau de famille, élevé dans un terrain privé, est affranchi de la règle que le partage des choses indivises peut toujours être provoqué, nonobstant toutes conventions contraires (Montpellier, 18 mai 1858 [1]).

Sa transmission n'est pas soumise aux dispositions qui concernent la quotité disponible ; et, l'héritier ne saurait être admis à attaquer la disposition testamentaire de son auteur relative au tombeau, comme renfermant un legs entamant la réserve. Il en serait ainsi, alors même que la disposition qui attribue le tombeau à l'un des héritiers, aurait pour résultat d'exclure l'autre héritier du droit d'être inhumé dans le caveau ou le monument de la famille, cette exclusion ne pouvant être considérée comme portant atteinte à la réserve (*Lyon,* 19 *février* 1856. *Cass.* 7 *avril* 1857.

En cas de silence du testament, la concession et le tombeau restent à la famille, alors même que celle-ci serait exclue de la succession aux biens. C'est ainsi qu'un jugement du tribunal civil de la Seine, en date du 9 mai 1883, décide que le tombeau

[1] Sir. 1859, 2, 333.

ne peut être transmis « ni par donation, ni par legs, « à des tiers étrangers aux familles auxquelles ils « sont consacrés ; » et qu'en conséquence un légataire universel, non parent ni allié du défunt, n'y peut prétendre aucun droit.

Section II. — De la neutralité des cimetières publics.

Séparation des divers cultes à l'intérieur du cimetière. — Bénédiction *in globo*. — Loi de 1881 abrogeant l'article 15 du décret de prairial.

Du principe que le cimetière est une propriété communale, dérive le droit pour tous les habitants d'y recevoir la sépulture. Ayant sur les cimetières les mêmes titres que sur les autres biens communaux, il faut nécessairement reconnaître que tous, quel que soit le culte qu'ils professent, ont le droit d'y être inhumés. On a peine à concevoir que des notions aussi simples aient jamais été méconnues, cependant il n'est que trop vrai qu'il fut un temps où le droit à la sépulture était subordonné à la volonté des évêques. Avant 1789, les cimetières étaient sous la main du clergé, et demeuraient fermés pour les non-catholiques. Quoique fort nombreux en France, les protestants, rejetés hors du droit commun, ne possédaient point de cimetières : ils devaient pourvoir à leur sépulture, et étaient contraints de chercher des lieux ignorés, sinon inconnus, pour inhumer leurs morts. Ces malheureux, obligés de se cacher avec soin, étaient enfouis pendant la nuit, ainsi que le constatent deux rapports adressés à La Reynie et datés des 17 mai 1694 et 7 mai 1696, dans les caves, dans les jardins, ou dans des terrains vagues.

Ces exclusions injurieuses ne s'expliquaient plus après la Révolution qui avait proclamé l'égalité civile, sans distinction de croyances ou de culte. Nul, alors, n'eut plus l'idée de priver de la sépulture commune ceux que repousse une Eglise ou qui volontairement se sont séparés d'elle. Désormais les cimetières, n'étant plus soumis à l'autorité ecclésiastique, seront ouverts à tous : « L'inhumation est devenue un acte purement civil, auquel chaque citoyen a un droit égal ; dès lors, le refus de sépulture dans le lieu saint ne peut plus avoir lieu : l'autorité ecclésiastique n'aurait plus le moyen de l'appliquer...

« Dans les anciens usages de l'Eglise, on distinguait deux sortes de refus de sépulture ; l'un dit refus de la sépulture solennelle, emportant seulement la privation de la présentation à l'église et de l'accompagnement du prêtre, autrement dit, des obsèques religieuses ; l'autre, dit refus de sépulture dans le lieu saint, comprenait encore le refus de l'inhumation dans le cimetière commun...

« Le refus de sépulture, dans l'état actuel des choses, ne peut plus s'appliquer qu'à la sépulture solennelle et aux obsèques religieuses ; quant à l'inhumation dans le cimetière commun, elle est de droit. » (*Circulaire ministérielle*, 15 *brumaire*, *an XI*.)

Toutefois l'article XV du décret du 23 prairial, an XII, devait, sur ce point, créer pour l'avenir de sérieuses difficultés. Dans le projet primitif de ce décret, l'article 15 était ainsi conçu : « Les lieux consa- « crés aux inhumations seront bénis par les minis- « tres du culte. » Cette rédaction fut repoussée par la section qui y substitua celle-ci : « Les lieux de sé- « pulture demeureront à la charge et seront la pro- « priété des communes. Ils n'appartiendront exclu- « sivement à aucun culte, ils seront soumis seule- « ment à l'autorité, police et surveillance de l'admi- « nistration. » Si l'on préféra cette rédaction, c'est, dit le rapport de M. de Ségur, parce que là bénédiction rendrait les catholiques seuls propriétaires des lieux de sépulture, ce qui est contraire au système de tolérance établi par les lois nouvelles qui protègent également tous les cultes. Seulement, comme la religion catholique exige que les morts soient enterrés dans une terre bénite, les prêtres de cette religion pourront bénir chaque fosse à chaque inhumation. L'assemblée générale du conseil d'Etat n'adopta aucune de ces deux rédactions ; elle crut pouvoir concilier la pensée du projet avec celle de la section, en créant un cimetière spécial et réservé, pour chaque culte. De là, l'article 15 du décret de prairial, ainsi conçu :

« *Dans les communes où l'on professe plusieurs*
« *cultes, chaque culte doit avoir un lieu d'inhumation*
« *particulier, et dans le cas où il n'y aurait qu'un seul*
« *cimetière, on le partagera par des murs, haies ou fos-*
« *sés, en autant de parties qu'il y aura de cultes diffé-*
« *rents, avec une entrée particulière pour chacun, et*
« *en proportionnant cet espace au nombre d'habitants*
« *de chaque culte.* »

Ni le texte, ni l'esprit de cette disposition n'autorisent à voir, dans ses prescriptions, une restriction du droit appartenant à tous d'être inhumés dans le cimetière commun. Son seul but, les discussions soulevées au conseil d'état, lors de sa rédaction, nous en fournissent la preuve, étant de prévenir les conflits entre les convois appartenant à des cultes différents[1]. C'était le même esprit qui avait déjà animé le

[1] M. Vuillefroy professe la même opinion : « Son but unique, dit-il, a été de prévenir les rixes que la confusion des cérémonies

législateur et lui avait dicté l'article 45 de la loi organique du 18 germinal an X.

Cependant, par suite, soit de l'interprétation abusive que l'on fit de ces dispositions, soit de l'imprévoyance des municipalités qui bien souvent considérèrent l'article 15 comme lettre morte, et n'établirent aucune séparation dans les cimetières, le clergé catholique s'appropria presque partout l'asile des morts, comme s'il lui appartenait, au moyen d'une bénédiction totale, ne laissant en dehors de son empire, qu'une parcelle réprouvée et dédaignée. L'on vit alors se produire de graves abus, et des scandales regrettables, provoqués le plus souvent par l'attribution faite aux cadavres de ceux qui n'appartenaient pas au culte dominant, d'un emplacement peu convenable, parfois même infamant, par exemple, dans une partie du cimetière réservée aux suppliciés. De tristes conflits s'élevèrent aussi, par suite du refus de l'église de recevoir, dans une terre bénite, les enfants morts sans baptême, exclus par là du tombeau de famille dans lequel reposaient leurs parents. Et cet ostracisme frappait même les membres d'une famille ne professant pas tous la même religion ; c'est ainsi qu'une mère catholique ne pouvait reposer dans

religieuses distinctes et simultanées pourraient exciter dans un même cimetière. » (Adm. du culte cath. p. 500.)

le même caveau que son mari ou son fils élevé dans le culte protestant ou israélite.

Si le clergé catholique se fût partout contenté, comme à Paris, de bénir chaque fosse isolément, aucun de ces incidents n'aurait pu se produire. Au point de vue légal cependant, de ce que l'Église aurait sans droit, à l'aide d'une bénédiction englobant tout le cimetière, créé un obstacle absolu suivant les lois canoniques, à toute inhumation profane, il ne s'ensuit pas que cette cérémonie puisse constituer une prise de possession. Nulle loi, nul règlement ne reconnaît un pareil droit, et la bénédiction d'un terrain ne saurait avoir une telle portée juridique. C'est pourtant de cette idée que l'on partait autrefois, dans tous les cas où les séparations indiquées par le décret de prairial n'avaient pas été effectuées dans le cimetière. Et alors même que ces séparations existaient, comme il n'était point question de dissidents et que, cependant, il fallait bien les enterrer, on les reléguait dans un coin noté d'infamie. On transformait ainsi un terrain neutre, où doit régner le principe de l'égalité devant la mort, en un lieu appartenant exclusivement à un ou plusieurs cultes reconnus par la loi.

Les lois religieuses s'opposent, dit-on, à ce que les non-catholiques soient inhumés en terre-sainte ; rien de plus juste ; mais que le prêtre, alors, consacre isolément la place où va reposer son coréligionnaire, sans avoir la prétention de s'approprier par cette cérémonie le cimetière tout entier. C'est ce qui se pratique à Paris et dans quelques autres grandes villes, où les cimetières ont conservé le caractère neutre qui leur fut donné en 1789 et en l'an II, de la république. La bénédiction a lieu pour chaque fosse, au moment de la sépulture : les ministres de tous les cultes accompagnent les fidèles appartenant à leurs confessions respectives, et y font, selon leurs rites particuliers, les cérémonies et les prières de leur religion ; et alors nul conflit ne s'élève, nul scandale n'a lieu. La tombe du protestant touche celle du catholique, et cette dernière celle du libre-penseur ; et cependant aucun trouble ne fut jamais apporté aux cérémonies et aux prières faites au bord de ces milliers de tombes : nul n'a jamais songé à couvrir d'infamie la mémoire de ceux dont la croyance n'était point celle qu'on professe. C'était cet état de choses qu'il était bon et juste de généraliser, puisqu'il mettait fin à des distinctions et à des priviléges blessant les croyances individuelles.

La jurisprudence s'était néanmoins fixée contre cette neutralité du cimetière, même au cas où n'existaient ni les séparations, ni les entrées distinctes prescrites par l'article 15 du décret de prairial. Nous citerons, notamment, deux arrêts du conseil d'état qui établissent bien l'état de la question, au moment où est intervenue la loi de 1881.

Le premier est en date du 24 février 1870 : il s'agissait d'un sieur Doizy, décédé à Clisson (Loire-Inférieure), et à qui l'autorité religieuse avait refusé la sépulture canonique. Malgré le désir manifesté par la famille d'acquérir une concession dans le cimetière, le corps fut inhumé dans la partie de ce cimetière affectée aux suicidés. Sur la requête présentée par la veuve du défunt tendant à ce qu'il plût au conseil d'état : « d'annuler pour excès de pouvoir « une décision en date du 28 mars 1868, sur laquelle « M. le préfet de la Loire-Inférieure a refusé d'or- « donner que le corps du sieur Doizy serait exhumé « de l'emplacement où il a été déposé, dans le cime- « tière de la commune de Clisson, pour être réinhumé « dans le même cimetière, — ce faisant, attendu que « le sieur Doizy, ancien conseiller municipal, ayant « à son lit de mort refusé, sans scandale extérieur, de « recevoir les sacrements de l'Église catholique, son « corps a été inhumé non pas dans la partie du cime- « tière commun à tous les habitants, mais dans un « emplacement qui, de notoriété publique, est décon- « sidéré, dans la commune de Clisson, ainsi que l'at- « teste un certificat signé des habitants les plus hono-

« rables de la commune : que dès lors, c'est à tort « que, sur la sommation qui a été signifiée au maire « de Clisson, ce magistrat a persisté dans son refus « d'autoriser une exhumation... » le conseil d'état, considérant que le maire n'a fait qu'user des pouvoirs de police qui lui appartiennent, décrète : « article 1er : « la requête de la veuve Doizy est rejetée. »

Le second arrêt fut rendu en 1875, dans des circonstances à peu près semblables. — En 1873 mourait à Saint-Hilaire-de-Gravelle, (Loir-et-Cher), un sieur Hallé qui avait refusé de recevoir les derniers sacrements de l'Église. Le curé, suivant les règles canoniques, s'opposa à ce que le défunt fût inhumé dans la partie bénite du cimetière. Sur la plainte de la famille, le conseil d'état, « considérant qu'en refu« sant d'autoriser l'inhumation du sieur Hallé, dans « la partie du cimetière communal affectée à la sé« pulture des catholiques, le maire de saint-Hilaire « n'a fait, à raison des circonstances dans lesquelles « le refus est intervenu, qu'user du droit qui appartient « à l'autorité publique en vertu des articles 15-16 et « 17 du décret du 23 prairial an XII, et n'a pas dès « lors, excédé ses pouvoirs ; décide : la requête est re« jetée. »

C'est en présence de cette jurisprudence, et devant les difficultés et les scandales auxquels donnaient lieu cette prétention bien établie de reléguer, dans une partie infamante du cimetière, le corps de ceux auquels l'Église refuse la sépulture ecclésiastique, que fut votée la loi du 14 novembre 1881, abrogeant l'article 15 du décret de prairial.

M. Xavier Blanc, rapporteur de la loi, après avoir établi que la suppression de cet article 15 n'avait pour effet que d'empêcher le retour des incidents regrettables qui avaient ému l'opinion publique, et d'amener le calme dans les esprits, en sauvegardant le respect dû aux croyances de chacun, déclare que cette réforme, « née de circonstances auxquelles l'esprit de « parti fut absolument étranger, formulée une pre« mière fois sous le régime impérial, et approuvée « par le gouvernement qui se l'était appropriée, porte « au plus haut degré l'empreinte qu'ont voulu lui « donner et lui conserver jusqu'au bout ses auteurs, « l'empreinte d'une mesure législative, réclamée par « le progrès des mœurs et par l'esprit de conciliation, « dégagée de tout caractère religieux, et plus encore « de tout esprit d'hostilité envers le culte catholique. » Il précise ensuite, le but de l'abrogation de l'article 15, qui est de restituer au cimetière le caractère de propriété communale et neutre qui lui appartient : « Le cimetière ouvert à tous les morts, la liberté, pour eux et pour leurs familles, d'entourer la sépulture de l'appareil religieux propre à tel ou tel culte, ou d'y renoncer, en un mot, la neutralité du cimetière, tel est le régime naturel et légal qui doit lui être conservé. »

C'est sur ces considérations, que le législateur de 1881, après avoir repoussé un amendement de M. de Ravignan, tendant à accorder aux fabriques des églises catholiques et consistoires protestants ou israélites le droit d'acquérir et de posséder des terrains spécialement consacrés à l'inhumation des personnes ayant appartenu à leurs cultes respectifs, vota, à une très-forte majorité, l'abrogation pure et simple de l'article 15 du décret de prairial.

Désormais le maire ne doit plus, en aucun cas, pour la désignation de l'emplacement des tombes, se préoccuper de la religion du défunt: et toute famille, propriétaire d'un caveau ou monument, y pourra faire déposer les siens, sans distinction de culte[1].

[1] En Angleterre, les cimetières paroissiaux formant une dépendance de l'Eglise, et étant consacrés comme elle, sont soumis à la garde du ministre du culte national. Tout habitant de la paroisse a le droit d'y être inhumé ; mais ce droit était jusqu'en ces derniers temps, soumis à une condition absolue, à savoir que le service de l'église d'Angleterre fût lu sur sa tombe. De là un grief sérieux pour les dissidents qui, à défaut d'un terrain spécialement affecté à leur secte, dans la localité, ne pouvaient être enterrés, sans subir après leur mort les cérémonies d'un culte qu'ils avaient repoussé pendant leur vie. Un mouvement libéral,

Section III. — De la police des lieux de sépulture.

Compétence de l'autorité municipale. — Exhumation et translation des corps. — Approbation des épitaphes.

Malgré le respect qui, des morts, s'est toujours reporté sur le lieu dans lequel reposent leurs restes ; malgré le caractère sacré et inviolable, jadis affecté aux cimetières, il paraît cependant que ces lieux étaient devenus, pendant les siècles derniers, soit par défaut de vigilance de la part de l'autorité, soit par inexécution des règlements, le théâtre de graves abus, puisque l'on trouve plusieurs arrêts, dont les uns défendent aux femmes de passer la nuit dans les

à la tête duquel était M. Osborn Morgan essaya à plusieurs reprises de remédier à cette intolérance ; et le 15 mai 1876, la Chambre des lords reconnut,avec l'assentiment des hauts prélats de l'Église anglicane, la nécessité de mettre fin au conflit en donnant certaines satisfactions aux non conformistes. Après différents essais infructueux, le gouvernement présenta à la Chambre des lords, le 27 mai 1877, un bill, dont l'objet était d'autoriser l'inhumation de tout dissident dans les cimetières publics, et de permettre à ses proches ou à ses amis de faire célébrer sur sa tombe les cérémonies de son culte, ou de prononcer les prières ou les paroles qu'ils jugeront convenables, sous la seule condition, qu'il ne se produise ni désordre, ni attaque contre aucune religion. La Chambre des lords avait subordonné la loi au cas où il n'y aurait pas dans la paroisse de cimetière public autre que le cimetière paroissial ; mais la Chambre des communes repoussa cette diposition à une forte majorité.

cimetières, et les autres interdisent aux fabriques d'y planter des arbres fruitiers.

C'est ainsi encore qu'il fut prohibé de tenir des assemblées profanes, telles que foires et marchés, dans les terrains consacrés aux sépultures. Les conciles contiennent à cet égard des défenses très-nettes : c'est la disposition formelle de celui de Bordeaux, tenu en 1624, de ceux de Bourges des années 1528 et 1584. Un arrêt du Parlement de Dijon, du 3 mars 1560, défend d'en faire un lieu de danse : le Parlement de Rennes, le 14 mai 1622, en prohibe l'entrée avec armes et bâtons.

Toutes ces décisions qui avaient pour but de prévenir ou faire cesser des scandales, émanaient, on le voit, d'autorités distinctes. C'est qu'en effet, dans l'ancien droit, la police des lieux de sépulture ne se trouvait bien nettement placée, ni dans la compétence de l'autorité religieuse, ni dans celle de l'autorité civile. Toutes deux la revendiquaient également, toutes deux y avaient également droit.

Aujourd'hui, un pareil doute n'est plus possible ; c'est à l'autorité municipale qu'appartient la police des cimetières, l'article 16 du décret de Prairial est formel sur ce point. « La susceptibilité et la puissance des sentiments engagés dans toutes les questions de sépulture, faisaient au législateur un devoir de prévenir, en ces matières, tout conflit d'autorité. Il a tranché lui-même les questions principales, et a délégué l'autorité municipale pour le règlement de toutes les autres [1]. » Nous avons vu déjà, que la délivrance du permis d'inhumer, l'autorisation des sépultures particulières, le soin de veiller à ce que les inhumations aient lieu à la distance et à la profondeur nécessaire, la mission de faire exécuter strictement les dernières volontés du défunt sur ses funérailles, étaient dans les attributions du pouvoir de police qui appartient au maire. Mais, en dehors même des exigences de la tranquillité ou de la sécurité publique, ce magistrat peut encore faire tous les règlements qui lui paraissent utiles, au point de vue du respect dû aux morts, ou même de la conservation du terrain destiné à les recevoir.

Pour prévenir les abus, il doit faire clore le cimetière (*art. 3, décret de Prairial*), ou tout au moins, si par suite du défaut de ressources budgétaires, cette précaution ne peut être prise, il doit rendre un arrêté de police, portant défense aux habitants d'y laisser aller les volailles et les animaux domestiques.

Dans le cas où cette clôture est faite conformément à la loi, comme elle a pour but de faciliter la sur-

[1] Dufour, Droit administratif.

veillance du cimetière et de protéger les tombes, la garde des clefs doit appartenir à l'autorité municipale. L'on s'est demandé, pourtant, si les curés n'avaient point le droit d'avoir une de ces clefs à leur disposition exclusive. Le ministre de l'Intérieur a résolu négativement la question, estimant que l'administration municipale ne pourrait exactement remplir sa mission de surveillance et de police, et qu'elle serait fondée à décliner la responsabilité qui en résulte, si elle était tenue de remettre, au curé, une clef du cimetière. Mais lorsqu'il existe, à l'intérieur de ce cimetière, une chapelle où des services religieux doivent être célébrés, le maire doit en faciliter l'accès au curé[1].

Outre sa mission de police, le maire est encore chargé, seul ou de concert avec son conseil municipal, de la gestion du cimetière, en tant que faisant partie du domaine communal. C'est lui qui règle et fait exécuter les travaux nécessaires au bon aménagement des terrains. Tous les faits et tous les actes, qui se rattachent au service des inhumations, tombent sous sa surveillance. L'article 99 de la nouvelle loi municipale reconnaît cependant, au préfet, le droit de prendre d'office telle disposition qu'il jugerait à propos, dans l'hypothèse où le maire refuse-

[1] Décision du minist., Bull. off. 1856, n° 77, p. 249.

rait ou négligerait de faire un des actes qui lui sont prescrits par la loi. Telle était déjà, au reste, la disposition de l'article 15 de la loi du 18 juillet 1837.

C'est encore l'autorité municipale, que le décret de Prairial, (*art.* 17), charge de maintenir l'exécution des lois et règlements qui prohibent les exhumations non autorisées, sans indiquer, d'ailleurs, à qui il appartient d'accorder l'autorisation. Ce point de police n'a été réglementé que par des circulaires ou des instructions ministérielles. « L'exhumation d'un ca-« davre, quelle que soit sa destination, ne peut avoir « lieu qu'en vertu d'une autorisation spéciale du « maire », porte une circulaire du 29 février 1856. L'autorisation ne change rien, du reste, aux mesures prescrites dans l'intérêt de la salubrité publique. Aux termes de l'ordonnance royale du 4 décembre 1843 et de la circulaire qui l'explique, le maire doit déléguer, aux exhumations et réinhumations, un commissaire de police chargé de veiller à la bonne exécution de l'opération. La Cour de Cassation a également exigé la présence de la police aux exhumations et translations de corps, (*arrêt du 4 décembre* 1847). Relativement à cette translation, dans l'étendue de la même commune, elle doit être autorisée par le maire : le transport d'une commune dans une autre dans le même arrondissement, doit être autorisé par le sous-préfet ; enfin, le transport dans un autre arrondissement, dans un autre département, ou à l'étranger, est du ressort des préfets. (*Circulaire du* 29 *février* 1856, *modifiée par le décret du* 13 *avril* 1861).

Dans le but d'assurer la décence et le respect dû à la mémoire des morts, la loi exige l'approbation préalable de l'autorité pour les inscriptions à placer sur les tombeaux. (*Arrêt du Conseil d'État,* 7 *janvier* 1842. — *Ordonnance du* 6 *décembre* 1843, *art.* 6.) « Il faut « reconnaître avec le Conseil d'État, qu'en pareille « matière la plus grande latitude doit être laissée au « pouvoir municipal. Une inscription même inoffen- « sive, par cela seul qu'elle pourrait servir de pré- « textes à des désordres, et devenir une occasion de « scandales et de troubles, doit pouvoir être inter- « dite. C'est au maire qu'il appartient de juger s'il « doit la permettre ou la défendre. Ce qu'il importe « de considérer avant tout, ce sont les conséquences « qui pourront résulter de l'autorisation réclamée et « si, abstraction faite de toute intention, les paroles « gravées sur une tombe ne seraient pas de nature à « provoquer des manifestations contraires au bon or- « dre et au respect dû aux lieux de sépulture ; consé- « quences que l'autorité municipale est seule en état « d'apprécier. » (*Circulaire ministérielle du* 30 *décembre* 1843.)

Cette précaution, au premier abord, semble exagérée, et paraît constituer un empiètement inutile sur la liberté individuelle. Mais c'est là une opinion dont on revient promptement, lorsque l'on a entre les mains la copie des épitaphes refusées. Laissant de côté celles qui cachent un sens répréhensible au point de vue moral, dit M. Maxime Du Camp, dans ses essais sur Paris, et à ne s'occuper que des phrases qui donneraient à rire au public dans un lieu consacré par le respect de tous, que doit-on penser de ceci : « C'était un ange sur la terre, qu'est-ce que ce sera dans le ciel ? » — « Elle aurait donné pour son mari ce que le pélican donne à ses petits. » — « X, décédé à l'âge de trois ans, sa vie ne fut qu'abnégation et sacrifice. »

L'intérêt même des familles exige qu'on ne se moque pas de l'expression de leurs regrets et ce n'est pas porter atteinte à la liberté de conscience que de donner au maire le droit de prohiber de semblables épitaphes.

Section IV. — Violation de sépultures.

Historique. — Éléments du délit. — Du cumul des peines.

De tout temps le respect pour les morts fut regardé comme intimement lié à la morale publique; et chez tous les peuples, les lois civiles et religieuses furent d'accord pour en assurer la conservation au moyen de peines rigoureuses.

Ainsi la législation romaine punissait sévèrement, comme nous l'avons vu, la violation d'un cadavre; la dégradation même d'un tombeau était frappée soit de la peine des mines, soit d'une peine pécuniaire.

L'ancienne jurisprudenc française infligeait des pénalités arbitraires plus ou moins fortes, suivant les circonstances et la qualité des personnes, aux différents crimes de *violement de sépulture* qui se commettaient : 1° en déterrant les cadavres, ou les tirant de leurs tombeaux, pour en faire des anatomies ; 2° en les dépouillant de leurs vêtements pour les voler ; 3° en détruisant leurs sépulcres, les épitaphes ou ornements ; 4° en empêchant qu'une personne morte ne soit enterrée ; 5° en frappant, blessant ou coupant quelque membre d'un corps mort[1]. — Le crime s'ag-

[1] Jousse, t. III, p. 660. — Suivant une disposition des capitulaires de Charlemagne, l'on voit qu'indépendamment de la peine d'infamie et de la confiscation de la moitié des biens que ce prince prononce contre les laïques violateurs de sépulcres, et celle de l'exil perpétuel contre les clercs ; il porte même la rigueur jusqu'à ordonner la privation de leurs charges, contre les juges qui négligent de faire la poursuite de ce crime, tandis que d'un autre côté, il admet toutes sortes de personnes à en faire l'accusation. — (Muyart de Vouglans, Lois criminelles, liv. 3, tit. 1.)

gravait s'il était commis dans une église ou dans un cimetière consacré ; il devenait plus grave s'il y avait violence ou effraction.

C'est en s'inspirant de ces précédents, que M. Monseignat, s'adressant au corps législatif, s'exprimait ainsi : « La loi, qui protège l'homme depuis sa nais- « sance jusqu'à sa mort, ne l'abandonne pas quand il « a cessé de vivre et qu'il ne reste de lui qu'une dé- « pouille mortelle. Vous trouverez dans le projet une « disposition contre ceux qui, sans respect pour le « dernier asile, violeraient les sépultures, trouble- « raient la cendre des morts, ou profaneraient leurs « tombeaux. »

Cette disposition est ainsi conçue : « *Sera puni d'un « emprisonnement de trois mois à un an, et de seize « francs à deux cents francs d'amende, quiconque se « sera rendu coupable de violation de tombeaux ou de « sépultures, sans préjudice de peines contre les crimes « ou délits qui seraient joints à celui-ci :* » (*Art.* 360, *C. Pén.*)

Le législateur posait ainsi une règle fixe pour la répression de ce crime ; mais il n'indiquait pas quels en étaient les faits constitutifs, laissant à la jurisprudence le soin de les définir.

Les dispositions de l'article 360, porte un arrêt de la Cour de Cassation du 22 août 1839, appartiennent à une rubrique du Code qui a spécialement en vue la protection due aux sépultures ; elles ont en particulier pour but de réprimer non-seulement les atteintes matérielles portées à la cendre des morts, mais tout acte qui tend directement à violer le respect qui leur est dû... il y a indivisibilité entre le tombeau et les dépouilles mortelles qu'il renferme, sans quoi les outrages les plus graves qui ne seraient pas des paroles ou des discours, ou qui ne seraient pas publics, resteraient impunis. « L'article 360 ne parle à la vérité que de la violation des tombeaux ou sépulcres, disent MM. Chauveau et F. Hélie, mais ces mots doivent s'appliquer aux restes de l'homme, dès qu'ils sont ensevelis dans le cercueil. Quels motifs permettraient de distinguer entre le cercueil et la tombe ; n'est-ce pas les restes de l'homme et non le tombeau lui-même que la loi a voulu protéger contre toute profanation. Adoptant cette interprétation, la Cour de Paris, par un arrêt du 8 juillet 1875, a déclaré que l'on devait considérer comme une sépulture le lit qui renferme les restes d'une mort.

Mais quels seront les faits constitutifs du délit ? Nul doute, d'abord, que le fait de déterrer un cadavre, même pour le faire servir à des études anatomiques, ne rentre dans les termes de la loi. De même pour tous actes qui, comme la soustraction fruduleuse, ou la destruction des objets renfermés dans les tombes, sont une atteinte à la propriété de la famille du défunt. La Cour de Cassation a jugé que le simple fait d'avoir frappé avec un bâton sur la tombe d'un mort, en se servant d'interpellations outrageantes envers le défunt, tombait sous le coup de l'article 360 *(Cass.* 22 août 1839).

Dans chacun de ces cas, nous trouvons deux éléments de l'infraction : un fait matériel et une intention coupable ; cependant la jurisprudence, interprétant dans le sens le plus large l'article 360, décide que le délit existe, bien que le fait, commis sans intention malveillante à l'égard du mort, ne constitue au fond qu'une simple contravention aux règlements sur les exhumations. Ainsi, aux termes d'un arrêt de la Cour de Cassation en date du 10 avril 1845 [1], l'ouverture d'une tombe et l'exhumation d'un cadavre, alors même qu'elle aurait pour but de rendre les honneurs funèbres au défunt, et de le réinhumer dans le cimetière, constituent le délit prévu et puni par le Code Pénal.

Evidemment le texte de la loi n'exige pas pour la constatation du délit que le fait ait été commis dans une intention criminelle ; il nous semble pourtant que, la peine étant la même pour des faits qui peu-

[1] Dall. 1845, 1, 252. — Sir. 1845, 1, 673.

vent n'être pas également coupables, l'article 360 appelle une modification quant à la pénalité.

Cet article se termine par une disposition qui a soulevé des difficultés. Il semble, en effet, décider que, dans tous les cas où le délit de violation de sépulture se trouve concomiter avec un autre crime ou délit, soit celui de vol, soit celui d'injures, soit enfin celui d'outrage à la morale, les peines doivent se cumuler. Cependant cette interprétation est aujourd'hui repoussée, car c'est un principe général, consacré par l'article 365 du Code d'instruction criminelle, que, lorsque plusieurs délits ont été commis par le même individu, la peine applicable au plus grave de ces délits est seule prononcée. Faut-il voir dans l'article 360 une exception à cette règle ? Nous ne le pensons pas et nous rangeant à l'opinion de MM. Chauveau et F. Hélie nous croyons que dans la disposition finale de cet article, le législateur n'a voulu qu'énoncer une réserve pour la poursuite d'un délit plus grave [1].

[1] Théorie du Code pén., t. VI, p. 411.

FIN

POSITIONS

DROIT ROMAIN

I. — L'incinération des morts a toujours coexisté à Rome avec leur inhumation.

II. — L'action funéraire n'était donnée qu'en l'absence de toute autre action.

III. — Le *curator funeris* étranger au défunt devait adresser une demande au magistrat avant de procéder aux funérailles.

IV. — L'acquisition par les personnes en puissance ne dérive pas d'une idée de représentation, mais de l'organisation de la famille.

V. — Si dans un contrat, intervient un *nuntius*, c'est en la personne de celui qui l'a envoyé que se produisent les effets de ce contrat.

VI. — Les effets de la *nuntiatio operis novi* et de l'interdit *quod vi aut clam* peuvent être acquis au propriétaire, par l'intervention d'un tiers.

VII. — En droit classique la propriété ne pouvait pas être affectée d'une condition résolutoire.

DROIT CIVIL

I. — Le majeur de seize ans peut valablement régler ses funérailles.

II. — Toute déclaration en forme testamentaire, écrite et signée du défunt, alors même qu'elle ne contiendrait aucune disposition de biens, est suffisante pour rendre obligatoire la volonté du disposant relativement á ses obsèques.

III. — Le droit du concessionnaire de terrain dans un cimetière est un droit *sui generis.*

IV. — L'exécution testamentaire peut être confiée à ceux au profit desquels on ne peut pas disposer par testament ; et même dans ce cas, le disposant peut laisser un présent à son exécuteur testamentaire.

V. — Les faits dont on peut induire la révocation tacite d'un testament ne sont pas limitativement énumérés par la loi. Mais dans le doute, la révocation ne doit jamais être présumée.

VI. — L'officier de l'état civil, peut, dans l'acte de décès, faire mention du jour et de l'heure de la mort ; mais les intéressés peuvent la combattre sans recourir à l'inscription de faux.

VII. — Tous les droits (sauf le droit de jouissance légale), que la puissance paternelle confère aux père et mère légitimes, sont communs aux père et mère naturels.

DROIT DES GENS

I. — La qualité de national du pays requis, acquise postérieurement au fait punissable, ne saurait empêcher l'extradition de l'individu réclamé.

II. — En cas de blocus, la capture d'un navire neutre ne peut avoir lieu qu'après une notification spéciale au navire qui a méconnu la notification diplomatique.

DROIT PÉNAL

I. — L'article 358 n'est pas applicable aux prêtres et pasteurs qui procèdent à la levée d'un corps sans qu'il soit justifié de l'autorisation de l'officier de l'état civil.

II. — Le ministre du culte peut être poursuivi à raison des délits qu'il commet, sans autorisation préalable du conseil d'état.

DROIT CONSTITUTIONNEL

I. — Les pouvoirs du congrès sont limités par les votes antérieurs des deux chambres.

Vu par le Doyen,

CH. BEUDANT.

Vu par le Professeur,
Président de la Thèse,

CH. JALABERT.

VU ET PERMIS D'IMPRIMER

Le vice-recteur de l'Académie de Paris,

GRÉARD.

TABLE DES MATIÈRES

FUNÉRAILLES ET SÉPULTURES DE LA ROME PAÏENNE

CHAPITRE I. — DU CULTE DES MORTS A ROME

CHAPITRE II. — CÉRÉMONIES DES FUNÉRAILLES

DES SÉPULTURES ET DE LA LIBERTÉ DES FUNÉRAILLES EN DROIT CIVIL

CHAPITRE IV. — CRÉMATION

CHAPITRE V. — RESTRICTIONS APPORTÉES A LA LIBERTÉ DES PARTICULIERS

CHAPITRE VI. — DES CIMETIÈRES

FIN DE LA TABLE

Imprimerie de DESTENAY, Saint-Amand (Cher).

www.ingramcontent.com/pod-product-compliance
Ingram Content Group UK Ltd.
Pitfield, Milton Keynes, MK11 3LW, UK
UKHW020320230726
13925UKWH00002B/521